COACHING & HIPNOSE

Passo a passo de como o profissional da área de Coaching pode utilizar a Hipnose em seus atendimentos

COACHING & HIPNOSE

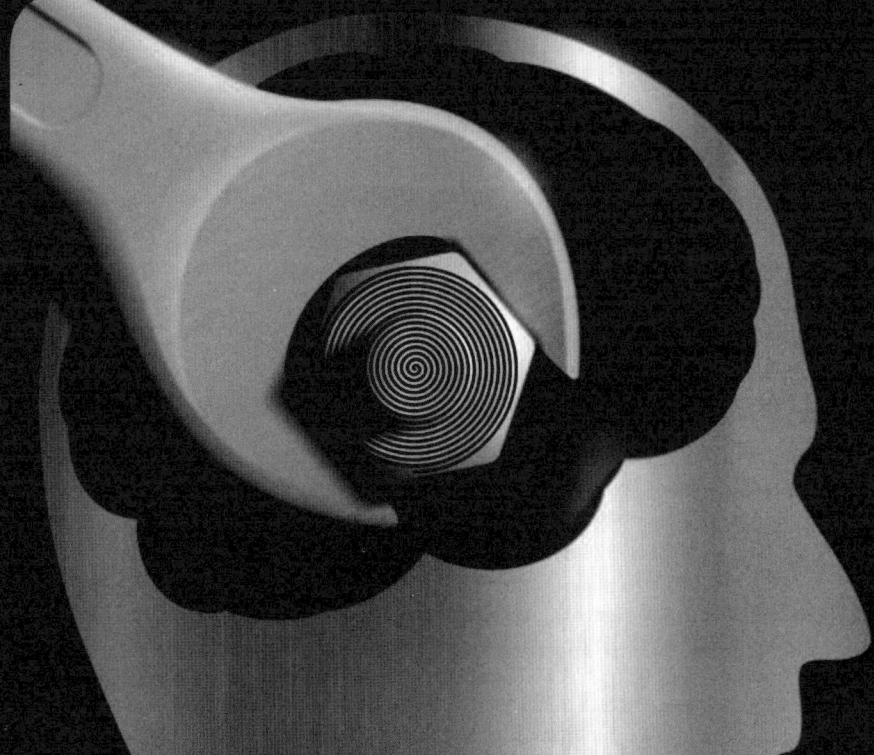

Passo a passo de como o profissional da área de Coaching pode utilizar a Hipnose em seus atendimentos

Coordenação

Nicolai Cursino e Andréia Roma

Copyright© 2019 by Editora Leader
Todos os direitos da primeira edição são reservados à Editora Leader

Diretora de projetos
Andréia Roma

Revisão:
Editora Leader

Capa
Editora Leader

Projeto gráfico e editoração:
Editora Leader

Livrarias e distribuidores:
Liliana Araújo

Atendimento:
Rosângela Barbosa, Érica Rodrigues, Juliana Correia

Organização de conteúdo:
Tauane Cezar

Diretor financeiro
Alessandro Roma

Dados Internacionais de Catalogação na Publicação (CIP)
Bibliotecária responsável: Aline Graziele Benitez CRB-1/3129

C581 Coaching & Hipnose / [coord.] Andréia Roma, Nicolai Cursino
1. ed.   1 Ed. – São Paulo: Leader, 2018 -
ISBN: 978-85-5474-050-4

1. Coaching. 2. Hipnose - pessoas. 3. Performance.
4. Desenvolvimento interpessoal. 5. Comportamento

I. Roma, Andréia. II. Cursino, Nicolai. III. Título.

CDD 133.8

Índices para catálogo sistemático:
1. Coaching: hipnose
2. Performance: desenvolvimento interpessoal
3. Comportamento

2019
Editora Leader

Escritório 1
Depósito de Livros da Editora Leader
Rua Nuto Santana, 65, sala 1
São Paulo – SP – 02970-000

Escritório 2
Av. Paulista, 726 – 13° andar, conj. 1303
São Paulo – SP – 01310-100

Contatos:

Tel.: (11) 3991-6136
contato@editoraleader.com.br | www.editoraleader.com.br

Agradecimentos

É com muita satisfação que a Editora Leader traz ao mercado editorial mais uma obra repleta de conhecimento, produzida com muito carinho e dedicação por todos os envolvidos.

E quantos profissionais envolvidos para chegar a este Coaching & Hipnose! Quero agradecer a todos por terem uma visão tão generosa quanto ao compartilhamento de seu conhecimento, de suas experiências.

Agradeço à forma como elaboraram suas contribuições para a obra, explicando de maneira objetiva e rica em detalhes como aplicar essas duas ferramentas tão eficientes e profundas para que as pessoas possam atingir seus objetivos.

Agradeço pelo cuidado e pelas dicas que colocaram em seus capítulos, para que o leitor lance mão desses dois recursos de maneira efetiva, com resultados surpreendentes, mas esteja ciente de que é o primeiro passo, que ele deve se aperfeiçoar e procurar as diversas formações para ser um profissional competente e atualizado.

Agradeço a Nicolai Cursino, que assina a coordenação desta obra comigo, uma contribuição que se estende a numerosas obras de nossa Editora, tal sua competência e influência na área do desenvolvimento humano.

Agradeço a minha equipe, sempre disposta a dar seu apoio para que nossos compromissos sejam cumpridos.

Meu muito obrigada a minha família, por compreender que para cumprir minha missão à frente da Editora Leader é necessário dedicação e superação de desafios, como este, de reunir especialistas em torno de um tema tão relevante mas ainda recente.

Por fim, agradeço a Deus pelas oportunidades que tem colocado em minha vida, pela sabedoria em saber distingui-las e dar à Leader uma posição de destaque no meio editorial.

Boa leitura!

Andréia Roma

CEO e Diretora de Projetos da
Editora Leader

Sumário

Introdução - Coaching & Hipnose: uma grande aventura 9
   Nicolai Cursino

Coaching com Hipnose:
as competências da ICF (*International Coaching Federation*) 17
   João Luiz Cortez

As múltiplas perspectivas da Hipnose na sessão de Coaching 33
   Cristiane Ceccon

Sua preparação como *coach* por meio da Hipnose 43
   Rodrigo Kenji Suzuki

Transformando o cliente de Coaching através da Hipnose 53
   Marcia Sampaio

Coaching & Hipnose com metáforas, arquétipos e histórias 65
   Li Defendi

Como a Hipnose pode ajudar quando o *coachee* não consegue tomar uma decisão 75
   Rafael Jorge Ruman

A Hipnose no preparo da sessão e na condução da zona de excelência para o *coach* e para o *coachee* 85

    Kátia Henriques

E quando o cliente trava? Como remover bloqueios com a Hipnose 97

    Melina Arantes Rodrigues

Reimprinting:
Reprograme o passado para transformar o futuro! 107

    Léa Macedo

Hipnose no Coaching em grupo 117

    Nelson Cenci

Transe generativo no Coaching em grupo 127

    Wagner da Silva Soares

Hipnose e Coaching na liderança e nas organizações 137

    Marcelo Ferreira da Silva

Coaching xamânico com Hipnose – Animais de Poder 147

    Everton Mello Soto

Hipnose e Coaching no processo de luto (e morte) 157

    Bianca Mello Soto

Hipnose para quando o *coachee*
precisa encontrar uma nova identidade 167

    Tahta Costta

Conclusão - Coaching com Hipnose: próximos passos 181

    Nicolai Cursino

Introdução

Coaching & Hipnose: Uma Grande Aventura

Coaching & Hipnose é uma aventura improvável e surpreendentemente maravilhosa.

Para muitos, duas técnicas, metodologias e filosofias bastante diferentes, com perfis de profissionais frequentemente antagônicos. Parecem dois sistemas que não poderiam conviver ou que, no mínimo, atrapalhariam um ao outro. Para quem não os conhece profundamente, é assim que pode parecer.

O mais encantador é que tudo isso está muito longe da verdade. Ambas as metodologias residem sobre um conceito muito sagrado em comum, o de que o caminho e as respostas emergem sempre do próprio cliente, de suas experiências e de sua sabedoria profunda, que precisa apenas ser explorada e lapidada, seja pelo *coach* ou pelo hipnólogo. A cura e as respostas vêm sempre de dentro, nunca de fora.

Tenho ensinado e usado a Hipnose Ericksoniana há mais de uma década e há vários anos aplico suas técnicas e sua filosofia dentro dos processos de Coaching. Isso vale para as mais variadas formas de Coaching, como o Life Coaching, o Coaching de carreira, o Coaching de identidade, o Coaching executivo, o Coaching integral e o Eneacoaching®, metodologia que criei em 2010 e que combina o Coaching, Eneagrama, Hipnose, Bioenergética e muitos outros belos sistemas de desenvolvimento psicológico e espiritual.

Da mesma forma, vários profissionais respeitados do Brasil e do mundo têm integrado mais e mais técnicas diversificadas aos processos de Coaching para aumentar seus resultados, tanto de curto quanto de longo prazo.

Seguindo essa linha, o uso dos estados de transe hipnótico e até mesmo outras formas de estado alterado da consciência podem ser extremamente úteis em momentos específicos nos processos de Coaching.

Sabemos que o Coaching é um processo estruturado em que um profissional especializado, o *coach*, conduz o seu cliente (*coachee*) em uma jornada instigante onde este é desafiado e incentivado a superar-se, alcançar metas, transformar-se. Trata-se de uma jornada que o leva de uma situação atual para uma situação desejada. Este movimento pode ser em direção a uma meta concreta, como uma casa nova, a um aumento de salário, à abertura de uma empresa, uma transição de carreira, ou até mesmo, de forma ainda mais profunda, uma nova versão de si mesmo, um novo estilo de vida, uma nova posição existencial no mundo, o aumento da felicidade, da qualidade de vida, do contato com a espiritualidade, e muito, muito mais.

O processo de Coaching mais tradicional se ancora principalmente em ferramentas da mente lógico-racional, como as técnicas de perguntas poderosas, rodas de diagnóstico (roda da vida, roda de valores), grades de metas, análises S.W.O.T., planos de ação S.M.A.R.T. (específico, mensurável, alcançável, relevante, temporal) e tarefas concretas e objetivas a serem cumpridas. Também depende de habilidades mais sutis do *coach*, como gerar *rapport*, sustentar um campo emocional e energético adequado, manter-se em estado de presença, aterrar-se e tornar-se canal intuitivo quando necessário.

Já a Hipnose opera em dimensões da mente bastante diversas da mente racional. Atua dentro do domínio dos estados alterados da consciência, da mente inconsciente não linear, simbólica, intuitiva, circular e profunda.

Existem vários tipos de Hipnose, sendo que estas podem diferir bastante em suas técnicas, filosofia, objetivos, perfis de profissionais e até mesmo nas frequências cerebrais em que cada uma delas atua. Importante saber que os estados alterados de consciência são muito vastos e diferentes entre si. O estado de sono, por exemplo, é muito diferente da Hipnose quando olhamos o que acontece no cérebro, embora a clássica posição de olhos fechados e conceito de que a Hipnose faz a pessoa "dormir" pode confundir bastante aqueles que não têm estudo sobre o tema.

Vale ressaltar a diferença entre as duas correntes principais ou pelo menos mais conhecidas, a Hipnose clássica e a Ericksoniana.

A Hipnose clássica é a de comandos diretos, paternais, autoritários e de induções hipnóticas (técnicas para entrar em transe, hipnotizar o cliente) rápidas, frequentemente apoiadas em momentos de confusão ou "bugs" cerebrais. É a Hipnose mais conhecida pelos shows de palco, com demonstração de seus efeitos em situações como comer uma cebola como se fosse uma maçã, esquecer seu próprio nome, imitar animais e muito mais. Também é extremamente útil em contextos bem distantes do entretenimento, como os tratamentos de dor, as anestesias "sem química" para realização de cirurgias, a lembrança de eventos esquecidos no inconsciente para fins forenses e a programação mental para o sucesso de atletas e o acesso a estados internos como a autoestima, a segurança e muitos outros.

A Hipnose Ericksoniana é a técnica criada por Milton H. Erickson, médico e hipnólogo americano falecido na década de 80 e considerado o pai da Hipnose moderna e o grande precursor da Hipnose como ferramenta científica amplamente validada nos meios acadêmicos e profissionais. É uma Hipnose indireta, maternal, que acontece através da indução de estados de relaxamento tão profundos no cliente que seu inconsciente pode vir à tona ajudar a resolver as mais variadas questões, desde curas físicas, emocionais e espirituais, até ressignificações de eventos da vida, fobias, medos, tomadas de decisões importantes, respostas a questões complexas, aprendizagem acelerada, gerenciamento do *stress* e criação de estados de tranquilidade, amor, alegria, força, certeza, segurança e muito, muito mais. É uma Hipnose gentil, amorosa e profunda, sempre construída em conjunto entre o hipnólogo e o cliente, a partir da criação de um campo relacional e energético baseado em amor, aceitação, entrega, intuição, confiança e respeito. É mais que uma técnica, é uma filosofia linda de comunicação avançada e transformação pessoal.

É um sistema de profunda interação e respeito entre hipnólogo e cliente, no qual uma conexão de alma é estabelecida, e ambos se juntam em uma cocriação em direção a um objetivo do cliente. Objetivo este que está bem estabelecido, embora os caminhos para se chegar até ele não sejam racionais, mas sim direcionados pelas estradas não lineares da mente inconsciente.

Minha reverência à filosofia e à técnica da Hipnose Ericksoniana e ao ser humano maravilhoso que foi Milton Erickson, a quem considero um mestre e uma das maiores influências em minha vida profissional e pessoal, é imensa e sempre me emociona. A Hipnose Ericksoniana é a usada pelos coautores que convidei com muito carinho e responsabilidade para escrever os capítulos deste livro.

Nosso inconsciente é um lugar cheio de recursos maravilhosos. Todos nós conhecemos a sensação de relaxar profundamente ou sentir o "tempo parar", seja olhando para nossos filhos ou uma belíssima paisagem silenciosa. A sensação de sonhar acordado, de resolver problemas complexos num "passe de mágica", tomando banho ou caminhando sem pensar no assunto. Conhecemos o relato de gênios da humanidade como Einstein ao intuir a teoria da relatividade e reconhecer que isto lhe veio através de um desses "sonhos acordado", em que se viu cavalgando em um raio de luz. Esses momentos são descrições claras de um estado de transe hipnótico.

Usar estes estados maravilhosos nos quais nossa mente inconsciente acessa uma produtividade e uma capacidade fantástica de encontrar soluções para impulsionar os processos de Coaching, é, enfim, o propósito central deste livro.

O propósito que vocês, *coaches* e profissionais que usam o Coaching em seus processos de desenvolvimento de pessoas, incorporem aplicações da Hipnose Ericksoniana em seus atendimentos, tornando-os mais poderosos, rápidos, integrais e sustentáveis.

Para isso vários cuidados foram tomados no planejamento deste livro.

O primeiro foi o convite feito aos profissionais coautores, todos eles praticantes experientes nos temas que se propuseram a escrever e tendo uma vasta história de casos comprovados de sucesso nesta combinação de metodologias. Além disso, apaixonados pelas transformações que a Hipnose e o Coaching fizeram em suas próprias vidas.

O segundo cuidado foi tratar de diferentes temas que pudessem abranger várias vertentes do Coaching (pessoal, carreira, executivo, saúde etc.) e também diferentes momentos dentro de um processo de Coaching (determinação de objetivos, preparação do *coach* e do *coachee*, perguntas poderosas, tomada de decisões, falta de recursos pessoais e emocionais, momentos de "travamento" do cliente e determinações de estados desejados, visões e projeções ao futuro).

O terceiro cuidado foi garantir uma "receita de bolo" para que vocês pudessem efetivamente usar as técnicas ensinadas neste livro. Uma receita que fosse o mais clara, simples e assertiva possível. Diante da clara limitação de não conseguir ensinar a vocês a Hipnose Ericksoniana apenas através de um livro, optamos por descrições passo a passo, dicas objetivas, apresentação de casos, demonstrações, roteiros e o uso de áudios e vídeos produzidos por alguns dos coautores. Material que estes coautores disponibilizaram gratuitamente em seus respectivos canais online, e que serão apresentados ao longo de cada um dos capítulos. Existem aulas explicativas para vocês, *coaches*, aplicarem as técnicas com seus clientes, e em alguns casos vídeos e áudios para que vocês apliquem diretamente em seus clientes nas sessões.

Um último cuidado foi com a validação e a credibilidade da combinação destas ferramentas, quando consideramos padrões de qualidade internacionais de Coaching. Para isso convidei João Cortez, autor do livro *O Coach e o Executivo*, membro da ICF (International Coaching Federation), ex-formador de *coaches* da ICC (International Coaching Community), *coach* experiente e respeitado internacionalmente tanto nas comunidades de Coaching como em grandes corporações.

Ao redigir o primeiro capítulo, o mais longo, ele trata das 11 competências atuais de Coaching da ICF e as possibilidades de combinação da Hipnose em cada uma delas. Recomendo fortemente que seja o primeiro capítulo a ser lido por você e que, caso não esteja procurando uma técnica específica, leia o livro na ordem dos capítulos que é apresentada.

Este livro é um grande chamado para a aventura e espero de coração que você o aceite. Aceite de mente aberta, coração profundo e corpo ancorado em uma energia de ação, de fazer esta combinação acontecer para o bem dos seus clientes, de seus sonhos e de seus desejos mais sinceros.

Aproveite a jornada que segue das terras concretas do Coaching executivo organizacional e de carreira até a terra das brumas que se apresenta no Coaching xamânico, no Coaching de identidade e no Coaching como suporte ao processo de luto e morte. Todos eles peças belíssimas na estrada humana em suas múltiplas facetas.

Por final, esta é uma obra que contribui para a grande jornada coletiva do desenvolvimento da consciência humana. Contribui porque integra, porque aceita, porque se abre ao novo, porque é sincera, porque é honesta, e porque é feita com base na experiência, na coragem, na confiança, na inocência, no conhecimento e no amor.

Tome de coração e agradeça. Este livro foi escrito para você.

Nicolai Cursino

É o sócio-fundador da Iluminatta. Acredita profundamente que o desenvolvimento humano e a Educação vão mudar o mundo nos próximos anos.

Graduado em Engenharia de Produção pela USP (Universidade de São Paulo), depois de rápidas passagens pelo ITA (Instituto Tecnológico de Aeronáutica) e pela Unicamp (Universidade Estadual de Campinas), iniciou a vida profissional na Embraer (Empresa Brasileira de Aeronáutica), onde liderou projetos e missões internacionais de negociação com diversos governos. *Coach* profissional pela ICC (International Coaching Community) e com diversas formações na Califórnia nas áreas de Liderança, Eneagrama, PNL Sistêmica e Coaching, nas quais se tornou treinador, autor e pesquisador de referência internacional. Treinador em Liderança Situacional pelo Ken Blanchard Institute (EUA). É membro fundador da Associação Brasileira de Eneagrama (IEA Brasil) e autor do livro e aplicativo *Eneagrama para Líderes – Autoconhecimento e Maturidade para o Desenvolvimento de sua Liderança*. Treinador de PNL Sistêmica formado pela NLPU EUA (Neuro-Linguistic Programming University), diretamente pelos criadores, Robert Dilts e Judith DeLoizier. Junto com Joseph O'Connor (autor mundialmente referenciado na PNL) e João Luiz Cortez (sócio na Iluminatta) escreveu a primeira geração de formações internacionais em PNL Sistêmica da Iluminatta. Possui formação internacional de nível avançado em Hipnose Ericksoniana, além de vivências, parcerias e aplicações no Brasil, Portugal e EUA desde 2007. Divide hoje seu tempo entre a atuação e desenvolvimento nas formações em Eneagrama, PNL Sistêmica, Treinadores e Hipnose da Iluminatta, e a consultoria em liderança e educação corporativa, em que já atuou como treinador, formador de treinadores e *coaches* para mais de 7.000 líderes em importantes organizações ao redor do mundo.

É marido realizado da Tais e papai dos amados Gael e Benicio.

Coautor do livro *Coaching com Eneagrama*, da Editora Leader.

Contato: nicolai.cursino@iluminatta.net

Coaching com Hipnose: as competências da ICF

(International Coaching Federation)

João Luiz Cortez

João Luiz Cortez

Vasta experiência como *trainer* em curso de Formação de Coaching e em Programação Neurolinguística. Desempenhou a função de professor em curso de pós-graduação em administração de empresas e possui aproximadamente 1.200 horas realizadas em atendimento a processos de Coaching empresarial e de vida. Desenvolve e realiza a entrega de cursos referentes a vendas, negociação, gerência de vendas e liderança. Experiência de 22 anos na área comercial em setores de vendas, administração de vendas e gerenciamento de equipe de representantes, vendedores, telemarketing e importação. Palestrou como convidado para o Congresso Internacional de Coaching em Lisboa – Portugal, Santiago – Chile, Bogotá – Colômbia, Santiago de Compostela – Espanha e no Congresso de RH do Interior Ribeirão Preto – SP. Desde 2009 atua como sócio-diretor da empresa Iluminatta Brasil, onde realiza consultoria, treinamentos e programas de desenvolvimento humano, além de desenvolver atividade de *trainer* em cursos de formação em Coaching e PNL – Programação Neurolinguística. Nos últimos anos atuou com os clientes: Banco Santander, Carglass, Casas André Luiz, Boehringer, Sindicato dos Engenheiros do Estado de SP, Harlequin Books, Bunge, Klüber, Tractebel, Campari, Organon, Metlife, Nivea, Camargo Correa, FIAT, BSI, Promon, Habib's, Engie, entre outros.

Engenheiro de construção civil pela Universidade Mauá; Master Trainer em Programação Neurolinguística pela NLPU – Neurolinguistic Programming University – Santa Cruz – Califórnia. Formação em Hipnose Ericksoniana pelo Global Institute for Trauma Resolution (ACT); em Transe Generativo com Stephen Gilligan em San Diego – Califórnia. Membro da NLP Global Training and Consulting Community e da ICF (International Coaching Federation).

Autor de *O Coach e o Executivo*. Coautor do livro *Coaching com Eneagrama*.

Sócio-diretor da Iluminatta.

Contato: joao.cortez@iluminatta.net

Coaching com Hipnose: as competências da ICF

(International Coaching Federation)

Em 2006 dei meus primeiros passos como *coach* profissional. A maioria dos processos que eu conduzi naquela época foi de transição de carreira. Frequentemente eu me perguntava o porquê de atrair este tipo de assunto e cliente.

Até então tinha passado por uma experiência de mais de 22 anos em empresas, numa carreira focada na área comercial. Nos últimos anos desta jornada eu estava num posto que considerava bastante interessante e desafiador. Era responsável pela operação de uma multinacional francesa no Brasil. Ao mesmo tempo que era a realização de uma meta de anos, rapidamente comecei a perceber uma falta de sensação de realização plena. Era e não era o que eu desejava ao mesmo tempo. Minha mente de engenheiro com duas pós-graduações em administração de empresas nas áreas de finanças e gestão empresarial adorava respostas exatas depois de longos processos de pensamento. Só que o tipo de perguntas que eu me fazia naquele momento era difícil de ter as respostas encontradas pela mente lógica. Elas eram: "O que eu quero?, "Qual é o real significado da vida? Da minha vida!"

Nessa mesma época, conversando com um grande amigo meu sobre a minha insatisfação, recebi uma curiosa sugestão:

"Junte dinheiro e amplie seu autoconhecimento, pois as duas coisas serão muito úteis quando você descobrir o que deseja". E foi o que eu fiz ao longo de quatro anos. A partir de uma mente lógica busquei outros conhecimentos. Conhecimentos que me levaram a acessar outras formas de perceber a vida.

Adquiri uma postura de verdadeiro interesse pelo ser humano, assim como pratiquei e pratico até hoje o lindo desafio da ausência de julgamento. Hoje sei que são condições fundamentais para quem é ou deseja ser *coach*. Esse caminho apareceu inicialmente em um livro que me foi passado, depois por meio de colegas que se formaram, para finalmente descobrir que uma pessoa que admirava muito estaria no Brasil para dar uma formação. O Coaching tinha entrado na minha vida. Não só entrou como a transformou. Fiz processos e supervisões como cliente. Foram necessárias outras formações em outras áreas relacionadas ao desenvolvimento humano e centenas de horas de Coaching como *coach*. Neste caminho descobri o que eu realmente queria através da ampliação de percepções ao me conectar com muito mais frequência ao meu melhor. Coaching e a Hipnose me permitiram perceber o quanto ainda não percebia e mudar minhas abordagens comigo e com o mundo. Ao final desenvolvi uma técnica cuja introdução está neste capítulo.

Lancei-me numa segunda carreira, alinhada com o que o meu verdadeiro "eu" queria e não o que os outros ou meu ego desejavam. Amo o que faço e tudo isso fez com que outras pessoas quisessem seguir o mesmo caminho no qual elas podem ser tudo o que verdadeiramente são e, como mencionei no início, me procuravam para ser o *coach* delas numa desejada transição de carreira. Queriam que eu ensinasse a elas o caminho. O meu caminho. Só que *coaches* sabem que o caminho deles não leva seus clientes aos resultados desejados. As pessoas precisam descobrir e construir os seus próprios caminhos.

O que descrevo abaixo, sejam as competências da ICF (International Coaching Federation) ou as práticas hipnóticas desenvolvidas a partir do trabalho de Milton Erickson, têm sido utilizadas com enorme eficiência em Coaching de Vida ou Empresarial. Milhares de pessoas e empresas se beneficiam do Coaching com Hipnose e você pode colaborar para o aumento desta estatística.

O que realmente nos satisfaz, nos traz a verdadeira paz é o que nosso verdadeiro "eu" quer e isso requer conexão profunda conosco mesmos. A Hipnose num processo de Coaching é um convite muito tentador para isso. Nosso verdadeiro "eu" calado por muito tempo sendo chamado de volta para participar. A nossos "outros eus" sendo passada uma mensagem de que está tudo bem, mesmo que agora um diferente caminho será trilhado. Como dizia Robert Frost em *A Estrada não Trilhada*:

Duas estradas se separavam numa árvore e eu

Escolhi a menos usada

E isso fez total diferença

A ICF, a mais antiga comunidade de *coaches* do mundo, com mais de 30.000 membros, define 11 competências com o objetivo de ajudar a compreensão das habilidades e formas de atuação usadas num processo de Coaching eficiente e dentro do que ela considera o que seja esta atividade.

Entende-se por Coaching uma parceria com clientes em um processo criativo e instigante que os inspira a maximizar os seus potenciais pessoal e profissional.

Essas 11 competências estão divididas em quatro grupos. Elas não estão listadas por ordem de importância e considera-se que todo *coach* competente as demonstra num processo de Coaching que ele conduz.

Este capítulo tem por objetivo apresentar as 11 competências e como a Hipnose é utilizada em cada uma delas.

Estabelecendo os Fundamentos

#01 - Seguindo Padrões Éticos

A compreensão da ética e dos padrões em Coaching e a habilidade de aplicá-los apropriadamente em todas as situações de Coaching.

Há vários códigos de ética de comunidades de Coaching e outras atividades. Talvez você tenha também o seu próprio que se sobrepõe aos demais. Recomendo que você leia um ou alguns desses, caso você ainda não o tenha feito de forma a estar a par do que se trata. Há diversas situações envolvendo um processo de Coaching que talvez passem despercebidas e que, ao mesmo tempo, são relevantes.

A ética é o princípio de tudo. Somente um *coach* que tem bases éticas sólidas será respeitado pelos clientes e o mercado, condição fundamental para que o processo ande. Afinal, para que alguém possa maximizar seus potenciais profissionais e pessoais é necessário confiar no *coach* que foi contratado. Como confiar em alguém que não é ético?

Usando a Hipnose

Leia com atenção um código de ética de uma entidade que você considere séria. O da ICF[1] é uma ótima opção. Converse com outros *coaches* sobre os princípios que lá estão. Forme um grupo de discussão sobre o tema de forma que vocês possam trocar experiências e aprofundar-se nos conceitos.

Com isso realizado faça um processo de auto-hipnose e entre no ESTADO COACH. O primeiro parágrafo do texto a seguir é uma sugestão de como entrar neste estado. Sempre que o termo ESTADO COACH aparecer no texto, é a isso que ele se referirá. Sinta-se

---

[1] https://www.icfbrasil.org/icf/codigo-de-etica em Português ou https://coachfederation.org/core-competencies em Inglês.

à vontade para fazer as alterações que você considerar adequadas em outros contextos.

> Sente-se em uma cadeira que permita uma posição confortável para você. Coloque os dois pés com as solas completamente apoiadas no chão. Preste atenção nos seus pés. Talvez você não tenha percebido a posição de suas costas. Aproveite para apoiá-las no encosto da cadeira. Coloque sua atenção ali e depois de alguns momentos concentre-se na sua respiração. Deixa-a um pouco mais longa e lenta do que o normal, seja ao inspirar e também ao expirar. Você consegue perceber que o ar que sai é mais quente do que o que entra? E os batimentos do seu coração? Perceba seu ritmo diminuindo enquanto você entra em profundo contato com você. Aprofunde ...
>
> Diga em voz alta: "Em instantes fecharei os olhos e respirarei mais três vezes e entrarei em transe. Poderei aprofundá-lo o quanto for necessário de forma a entrar em contato com todo o meu lado ético e os recursos que tenho para ser ético nas situações envolvendo meus processos de Coaching como coach. Isso será natural. Me sentirei fluir agora e nos processos numa sensação muito boa. Quando terminar esse processo, voltarei e abrirei meus olhos".
>
> Feche os olhos.

#02 - Estabelecendo o acordo de Coaching

Habilidade de compreender o que é necessário na interação específica de Coaching e chegar a um acordo com o cliente sobre o processo e relacionamento de Coaching.

O acordo acontece não apenas para o processo todo, mas também a cada sessão, quando deve ser estabelecido um tópico a ser trabalhado, qual é a sua relevância, o objetivo ao final daquela sessão e como o resultado desejado ao final será percebido.

Usando a Hipnose

Essa indução é muito poderosa para o início de processo onde o cliente poderá associar-se a algo muito representativo como desejo e que poderá se tornar meta do processo.

Convide o cliente a entrar no ESTADO COACH. Neste estado ele estará menos ansioso, aberto a novas possibilidades e a explorar seus potenciais internos, aumentando a possibilidade de perceber diferentes aspectos de uma situação.

Com o cliente já em transe, peça que ele aprofunde.

Lembre-se de esticar o convite:

"Aprofuuuunde ... de de de ..." retornando depois de tantos locais, ... jornadas, ... ao seu local sagrado ... aqui não há necessidade nenhuma de desempenho, ... sua conexão com você mesmo é o que basta para você estar seguro ... agradeça o medo e diga que aqui o que for paralisante não é mais necessário, ... da mesma forma o que for destrutivo da raiva ... permita que os recursos necessários apareçam ... podem ser pessoas ... quem está aí do seu lado, que representa o que é necessário ... **para você** *... nessa jornada? ... o que mais? ... que você se conecta também por você mesmo? Em conexão total com esse estado de centramento e com seus recursos mantendo os olhos fechados olhe para frente e para cima ... você quer erguer o queixo para isso? ... considere agora ... em total conexão ... qual é o seu desejo mais profundo? Não mais que cinco palavras ... não mais que cinco palavras ... palavras ... palavras ...*

O texto aqui, assim como todos os demais, não é um roteiro rígido obrigatório. Isso seria até contrário ao princípio da Hipnose Ericksoniana. A ideia é que ele deixe claro o conceito e sirva de inspiração para o que você fará.

Cocriando o Relacionamento

#03 - Estabelecendo confiança e intimidade com o cliente

Habilidade de criar um ambiente seguro, de apoio que produza respeito e confiança mútuos continuamente.

Além da ética, o *coach* procede a partir do princípio de que não há uma hierarquia voltada para a tomada de consciência do cliente, que é o único capaz de acessar as respostas a partir de um questionamento evocativo, seguido de observação e reflexão, sem conselhos do *coach*. O *coach* sabe que não é a pessoa mais importante aqui.

Usando a Hipnose

Coach e cliente sentados frente a frente. Entre no ESTADO COACH e convide seu cliente para fazer o mesmo. Você estar neste estado já será um convite para ele. Lembre-se que somente após você entrar neste estado é que irá se conectar com o seu cliente.

Peça que ele lhe diga novamente qual é o desejo mais profundo dele e receba. Mantendo seu ESTADO COACH, entre em contato com esse chamado, a partir do seu centro devolva para o cliente. *Eu percebo e dou o meu suporte ao seu chamado mais profundo de...*

Repita o processo por umas quatro ou cinco vezes. Peça que a cada vez o cliente coloque um novo chamado. Ele pode estar relacionado com o primeiro ou não.

#04 - Presença

Habilidade de ser totalmente consciente e criar um relacionamento espontâneo com o cliente, empregando um estilo aberto, flexível e confiável.

Para alguns essa é uma das competências mais importantes

e quando ela não está presente não há Coaching. E você? O que você acha?

A presença envolve o *coach* estar conectado a ele mesmo. Ele estar em conexão com o "aqui" e o "agora". Muito relacionado com o *"mindfulness"*. Envolve também ele estar em conexão com o cliente, sem perder a sua conexão em função das emoções que possam surgir. Finalmente envolve ele também estar conectado com o processo. Coaching trabalha com uma direção, um objetivo a ser alcançado e que deve estar presente ou ser recontratado a qualquer momento.

Usando a Hipnose

Entrem você e seu cliente no ESTADO COACH.

Sinta os seus pés em contato com o chão e perceba raízes saindo das solas em direção ao centro da terra. Raízes que se aprofundam a partir do seu centro de estabilidade e movimentação ao mesmo tempo que são as solas dos seus pés ... raízes que coletam energia possibilitadora e que sobe ... perceba, imagine, sinta essa energia nos seus pés ... qual é a cor dessa energia? ... o que ela proporciona à medida que envolve os seus pés e continua subindo pelos calcanhares, tornozelos, pernas, joelhos? ... suas coxas também envolvidas por essa energia ... a cintura ... a parte do seu corpo logo abaixo do umbigo ... quando essa região estiver energizada conecte-se à palavra "presença" ... eu estou presente ...

Perceba, sinta, imagine essa energia continuando a subir ... barriga, diafragma, peito, coração ... com o coração envolvido conecte-se à palavra "abertura" ... abertura para o que é possibilitador ... adequado ... alinhado com o processo ...

Deixe a energia continuar seu fluxo ... braços, mãos, dedos, pescoço ... cabeça totalmente envolvida ... e, ao acontecer, conecte-se à palavra "curiosidade" ... curiosidade para as infinitas possibilidades que existem e que podem aparecer agora ... sempre ... em outros momentos que for para aparecerem ...

A energia sai e atinge um ponto um palmo ou dois acima da sua cabeça ... conecte-se à palavra "conexão" ... conexão com o campo ... com o universo ... com o que está aí para tornar o processo grandioso e cheio de significado ...

Que ótimo estado para continuar o processo!

Comunicando-se de Maneira Efetiva

05 - Escuta Ativa

Habilidade de focar-se completamente no que o cliente está dizendo e no que ele não está dizendo, entender o significado do que é dito no contexto dos desejos do cliente, e dar apoio para que o cliente se expresse.

O significado do que o cliente diz é dele. *Coaches* com pouca experiência normalmente colocam os seus significados numa sessão ou no processo de Coaching. *Coaches* de alto nível trabalham apenas com os significados trazidos pelos clientes. A escuta ativa está relacionada com aprender sobre o cliente com ele mesmo.

Milton Erickson, que serviu de inspiração para as pessoas que escreveram sobre a Hipnose Ericksoniana, tinha essa capacidade, que era uma das suas diferenças, isto é, navegar totalmente no mundo do cliente. Para isso, Erickson acreditava que não havia clientes difíceis, mas sim terapeutas (ou *coaches* no nosso caso) com falta de flexibilidade.

Usando a Hipnose

Entre no seu ESTADO COACH. Nesse estado acesse os momentos em que você estava em profunda conexão com alguém. Momentos quando você ouvia a outra pessoa com interesse genuíno no que ela tinha a dizer. Com a capacidade de se colocar no lugar dela e respeitando, mesmo que você não concordasse com o que vinha dela. O que você aprendeu nesses momentos? Leve essa postura para a sua próxima sessão com seu cliente. Tenha como objetivo, ao final, escrever pelo menos uma coisa que você *coach* aprendeu na sessão com seu cliente e que seja relevante para o processo dele.

06 - Questionamento Instigante

Habilidade de fazer perguntas que revelem as informações necessárias para o benefício máximo do relacionamento de Coaching e para o cliente.

Para muitos essa é a competência mais conhecida, uma vez que não são poucos os que confundem Coaching com a capacidade de fazer perguntas abertas para os clientes. Acredito que se, ao iniciar a leitura, você era uma dessas pessoas, agora já esteja mudando de ideia.

Usando a Hipnose

Essa competência é uma sequência natural da anterior. No estado que você entrou para a escuta ativa deixe que as perguntas fluam naturalmente. A prática eficiente da Escuta Ativa leva automaticamente ao Questionamento Instigante. Procure fazer perguntas considerando todas as competências apresentadas até aqui e que sejam, de preferência, abertas, curtas, voltadas para a meta e não para os problemas e uma de cada vez. Aguarde o cliente responder totalmente antes de fazer a pergunta seguinte. Isto pode representar aguardar momentos de silêncio. Pode ser que o seu cliente continue acessando novas percepções ou processos valiosos enquanto está sem falar.

07 - Comunicação Direta

Habilidade de comunicar-se com eficácia durante as sessões

de Coaching, e de usar linguagem que tenha o maior impacto positivo possível no cliente.

De forma respeitosa, ofereça para o cliente opções de percepção, sem julgamento, de alguém diferente dele. Aqui pode ser um parafrasear, uma metáfora, ou simplesmente algo que você sente. Lembre-se de fazê-lo totalmente desconectado de qualquer necessidade de ter razão ou de ter sua sugestão aceita. Podem ser frases do tipo:

Ao ouvi-lo me veio a imagem de um cavalo andando numa praia deserta onde o mar está revolto. Ecoa de alguma forma em você ou no seu processo?

Usando a Hipnose

Ainda no estado da competência anterior aprofunde a conexão com você mesmo. Com o seu cliente. Com o processo. O que vem? Deixe que aconteça a partir do mais absoluto estado de fluir. Compartilhe com o seu cliente. Aguarde a resposta dele. Aceite. Agradeça.

Facilitando o Aprendizado e Resultado

08 - Criação de Conscientização

Habilidade de integrar e avaliar com precisão as múltiplas fontes de informação, e fazer interpretações que ajudam o cliente a se conscientizar e a partir disto atingir os resultados estabelecidos.

Quando a conscientização leva a novos comportamentos ela gera mudança. Quando leva à mudança de quem o cliente é, no que ele acredita e no que é importante para ele, gera transformação.

Usando a Hipnose

No ESTADO COACH, faça perguntas que levem o cliente a acessar quem ele será ao atingir a meta ou na jornada. No que ele acreditará que permitirá chegar ao resultado desejado. O que este estado desejado e a jornada proporcionarão para ele. O cliente precisa estar também num ESTADO COACH profundo.

09 - Desenvolver ações

Habilidade de criar, com o cliente, oportunidades para o aprendizado contínuo durante o Coaching e em situações do trabalho/da vida, e praticar novas ações que irão levar de maneira mais eficaz aos resultados estabelecidos no Coaching.

Há o momento certo para isso. *Coaches* com pouca experiência normalmente logo após uma percepção do cliente, ainda voltada para comportamentos, já pedem uma ação. Aguarde o alto nível de conscientização para isso. Seu cliente poderá passar por uma transformação e não apenas uma mudança.

Usando a Hipnose

Nesse momento cliente e *coach* em ESTADO COACH profundo. *Coach* pergunta:

Qual é o compromisso que você assume com você mesmo até nosso próximo encontro?

Ou

Que notícias ouvirei de você até nosso próximo encontro?

10 - Planejando e Estabelecendo Metas

Habilidade de desenvolver e manter um plano de Coaching eficaz com o cliente.

Quais serão as metas do processo?

Usando a Hipnose

Ajude o cliente a acessar a situação desejada. Peça para que ele viva esse momento como se fosse agora. Quando ele estiver totalmente lá pergunte o que aconteceu imediatamente antes ou o que ele fez imediatamente antes para chegar ao resultado desejado. Ajude-o a incorporar este momento anterior. Peça detalhes, inclusive sobre quem ele é, no que acredita, o que faz, onde ocorre, com quem ele está. Em seguida repita a pergunta sobre o que aconteceu antes, até que ele chegue ao hoje.

Ajude-o a analisar o plano e a completar o que falta, mudar a ordem do que for necessário, colocar datas e celebrações e incorporar o valor mais importante dele nessa jornada.

11 - Gerenciando o Progresso e Responsabilidade

Habilidade de manter a atenção no que é importante para o cliente e de deixar com ele a responsabilidade de realizar a ação.

O *coach* precisa estar conectado com ele mesmo, com o cliente e com o processo. A última competência está relacionada com estar conectado ao processo e sua meta. Apesar da agenda em cada sessão ser do cliente, isso não quer dizer que ele estará livre para ir aonde quiser, com os mecanismos de defesa da personalidade operando livremente e bloqueando qualquer mudança ou transformação significativa.

Cabe ao *coach* mencionar o que passou a não fazer sentido e pedir para o cliente esclarecimento ou eventuais correções de rota quando este perceber que saiu do seu caminho.

De que forma essa ação que você está propondo fazer o aproximará do resultado desejado nesse processo?

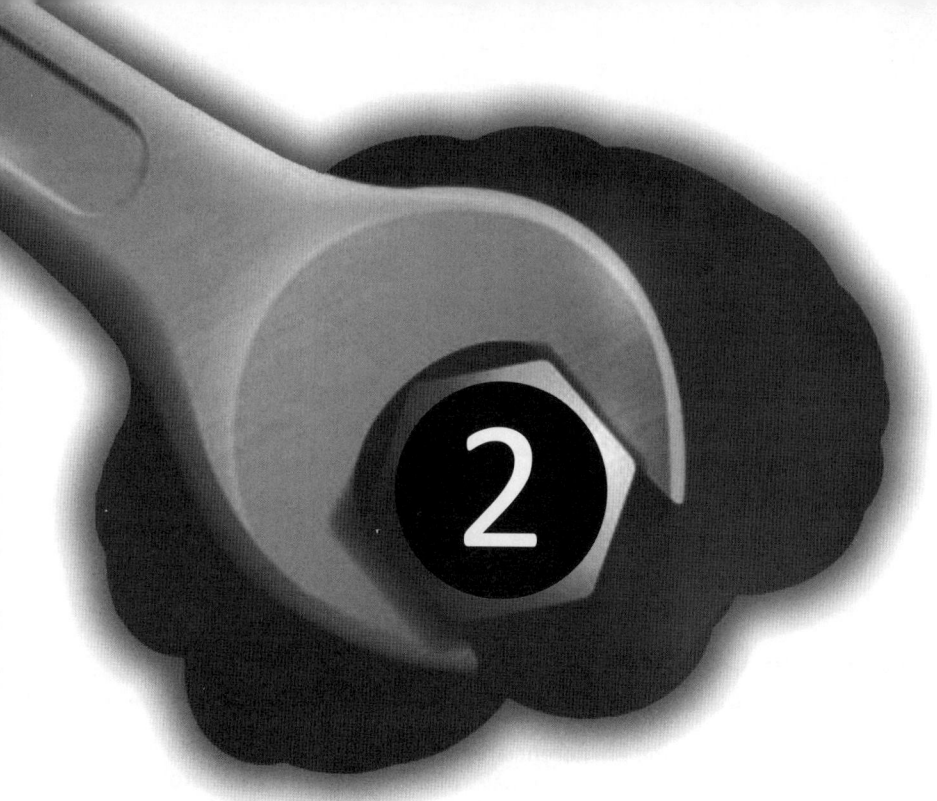

As múltiplas perspectivas da Hipnose na sessão de Coaching

Cristiane Ceccon

Cristiane Ceccon

Por mais de 20 anos atuou em gerenciamento de projetos e processos em grandes empresas nacionais e multinacionais. MBA em gestão de projetos pela FIA USP/University of Laverne. Coach certificada em PLBC (Professional Life and Business Coaching) pela Iluminatta. Master Practitioner em PNL, formação em Hipnose Ericksoniana e Treinadores em desenvolvimento humano pela Iluminatta. Formação em Constelação Sistêmica pelo Instituto Sistêmica. Formação em Eneagrama pela Iluminatta. Atua como coach sistêmico, consteladora sistêmica profissional e familiar e treinadora de Eneagrama. Dedica-se a transformar seus clientes na melhor versão deles mesmos.

Contato: cristiane.ceccon@gmail.com

As múltiplas perspectivas da Hipnose na sessão de Coaching

A profundidade e impacto do processo de Coaching conduzido com Hipnose Ericksoniana é muito superior ao de um realizado sem ela, pois a Hipnose nos permite acessar o subconsciente.

Há três principais motivos pelos quais uso a Hipnose no processo de Coaching:

1. Para me preparar para a sessão. Antes de cada sessão, faço auto-hipnose para entrar em estado de sintonia com o cliente e ter disponibilidade integral para o trabalho a ser realizado, estar alerta às crenças verbalizadas e às "armadilhas" dos tipos do Eneagrama - Sistema profundo de autoconhecimento (vide o livro *Coaching com Eneagrama*, também da Editora Leader).

2. Para ajudar o cliente a entrar em um estado de quietude interna absolutamente necessário ao processo de transformação.

3. Para levar o cliente a incluir os três centros de inteligência no trabalho: o mental (eu penso), o emocional (eu sinto/quero) e o instintivo/corporal (eu faço). Quando há coerência no que

penso, sinto/quero e faço, estou apto a fazer a transformação na área da vida em questão e sustentar essa transformação em todos os aspectos da minha vida.

Como usar a Hipnose no Coaching?

O primeiro momento em que uso a Hipnose é na preparação para receber um cliente. Inicio o processo de conexão com uma auto-hipnose para estar completamente disponível, atenta e aberta a tudo o que se apresentar.

Outra aplicação possível é durante o relato de uma situação em que o cliente ficou insatisfeito ou incomodado com algum tema. Uso a Hipnose para induzi-lo a reconstruir a situação e explorar novas possibilidades de condução da questão. Utilizando uma ferramenta da PNL chamada Posições Perceptivas, coloco o cliente na posição do seu confrontador para ampliar sua consciência sobre outros pontos de vista possíveis e motivações que não tenham sido percebidas anteriormente.

Sempre que vou aplicar uma ferramenta de PNL, uso a Hipnose para levar meu cliente a um estado mais relaxado e receptivo, de forma a facilitar a reprogramação de padrões negativos.

Quando o cliente apresenta um padrão de comportamento repetitivo, que advém de uma crença criada a partir de um evento traumático, costumo usar a indução hipnótica para levá-lo ao momento específico em que o problema foi gerado e a partir desse ponto fazer a ressignificação.

Outro momento em que sempre utilizo a Hipnose é quando, através do meu conhecimento dos tipos do Eneagrama, percebo o mecanismo de fixação, defesa ou paixão do tipo atuando de forma mecânica no cliente. Uso a Hipnose para conectá-lo com os aspectos mais elevados do mental (Ideia Santa) e das emoções (Virtude) e, a partir desse estado, levá-lo a outro patamar de consciência.

Geralmente termino a sessão com uma Hipnose, cheia de

pressuposições positivas para apoiar a predisposição e atitude do cliente para realizar as tarefas de Coaching da semana/quinzena. Nesse momento, posso reforçar habilidades que serão necessárias à realização do trabalho ou acionar eventuais âncoras anteriormente criadas a partir de técnicas da PNL para dar maior autoconfiança e segurança diante dos desafios.

O que fazer?

Comece mudando o tom de voz. Ele deve ser um terço mais lento e mais baixo que o seu tom de voz normal. Com o tempo, esse tom de voz poderá virar uma âncora para seu cliente e só por você mudar o tom de voz ele já relaxará.

Peço para meu cliente fechar os olhos e respirar profundamente pelo menos cinco vezes. E respiro junto com ele. Uso esse tempo para reforçar nossa conexão e ritmo. Quando estamos na mesma sintonia, começo a condução.

O mais importante de uma condução feita com Hipnose Ericksoniana é garantir que ela seja permissiva, isto é, o cliente escolhe para onde e como ir e o *coach* é apenas um facilitador do trabalho. Use frases como: "Você pode, do seu jeito, no seu tempo, você pode escolher entre X e Y, da forma mais confortável para você".

Quanto menos específico você for, mais liberdade seu cliente terá de construir o cenário adequado para resolver o tema a ser trabalhado. E pode incorporar os elementos do ambiente em que vocês estiverem:

> *...Você pode usar o som da minha voz para relaxar ainda mais e se conectar com a natureza à sua volta. E você pode relaxar ainda mais com o som dos pássaros cantando, ou do vento balançando as árvores ou de pessoas conversando* (você pode incluir qualquer som que possa vir a interferir no processo, como uma campainha tocando). *E você pode usar cada pequeno som ou barulho, como o de uma campainha tocando, para se aprofundar ainda mais dentro de você mesmo e relaxar...*

Outro ponto fundamental e rico da Hipnose são as pressuposições. As melhores induções são recheadas de pressuposições positivas.

...E, à medida que você avança no seu caminho, você se sente mais e mais relaxado...

Estou supondo que ele está avançando e o conecto a um estado ainda mais relaxado.

Algumas vezes o cliente chega ao meu consultório ainda preocupado com o trabalho, filhos, relacionamento etc. Sempre destino um tempo para "juntar as partes" da pessoa que estão perdidas em outros lugares e situações antes de um trabalho mais profundo.

...Enquanto você respira, todas as partes de você mesmo que estavam dispersas começam a retornar, aquela parte que está preocupada com o trabalho, aquela parte que está em casa com as crianças, aquela outra parte que ficou na sala de aula, todas elas retornam em harmonia, em total presença para a realização deste trabalho...

Uma das técnicas mais simples de levar uma pessoa a um estado profundo de relaxamento é fazer uma contagem regressiva de 10 a 1, e a cada número conduzir o cliente ao estado desejado através de pressuposições positivas, induções, analogias, metáforas etc. Por exemplo:

...E agora vou contar de 10 a 1 e, a cada número que eu contar, você pode se sentir muito mais relaxado e seguro. ...Cada vez que eu contar um número par, você pode relaxar profundamente e cada vez que eu contar um número ímpar você pode se sentir mais e mais seguro e, no espaço do silêncio entre um número e outro, você pode se aprofundar ainda mais e entrar em contato com sua própria essência ... 10...

Aqui você tira o cliente do mundo externo e o leva ao mundo interior.

...E, agora, você pode se concentrar no som da minha voz e nas minhas palavras para iniciar um caminho maravilhoso, para uma parte mais profunda de si mesmo e você pode ainda trocar

as minhas palavras para que elas sejam as mais adequadas... Sempre dê opções, a mente consciente adora escolher. ...Você pode escolher como será seu caminho... Há pessoas que gostam de andar por uma floresta, outras por um caminho florido, outras ainda de se jogar de uma montanha ou de mergulhar no mar. Eu prefiro descer uma escada em espiral. Você pode escolher fazer o caminho do seu jeito... E você pode escolher iniciar a caminhada agora ou daqui a um ou dois minutos, não importa. Quando você estiver pronto, me dê um sinal... Pode ser um aceno de cabeça. Aqui você pode fazer diversas pressuposições para garantir que nenhuma interferência atrapalhe o estado do seu cliente. *...e ao ouvir o barulho de... (vento nas árvores, carro passando, criança brincando etc.) você fica mais e mais relaxado, mais e mais tranquilo...*

Use o som ambiente para garantir que todos os sons vão relaxá-lo ainda mais.

Exemplo de uso real

Um cliente havia se separado há alguns anos e declarou que acreditava que houvesse um impedimento para novos relacionamentos. Resolvi aplicar a técnica de submodalidades da PNL para aquele caso.

Comecei a indução com relaxamento, contando de 10 a 1, solicitando que ele mergulhasse em um espaço mais profundo de si mesmo e que olhasse para aquele impedimento. E que, aos poucos, no tempo dele, fosse formando uma imagem, para que ele desse forma ao impedimento que se apresentava. E pedi que ele fizesse um sinal quando a imagem estivesse formada. Após seu sinal, pedi que descrevesse a imagem. Ele descreveu uma parede de tijolos, mais alta do que ele e de largura indefinida. Ele a classificou como instransponível. Perguntei o que seria necessário para transpor o muro. Ele me disse que seria necessário abrir um buraco nele. Perguntei então qual seria a ferramenta mais adequada para isso e ele me respondeu que uma porreta seria suficiente. Perguntei se seria possível ele visualizar a ferramenta, da forma e tamanhos mais adequados e ele acenou que sim com a cabeça. Perguntei se ele estava disposto a abrir a passagem na parede e se ele precisaria de algum recurso para isso. E respondeu que achava que sim. Percebi um desconforto da parte dele. Convidei-o a levantar da cadeira e fui induzindo-o a ficar em um estado de muita força, precisão e segurança. Usei muitas pressuposições positivas ...Um porrete como esse pode facilmente abrir um buraco nesse muro...

> ...E não é interessante que quando usamos a ferramenta adequada sempre conseguimos atingir o melhor resultado? ...e você pode, quando sentir que é o momento certo, usar o porrete para abrir um buraco no muro. Do seu jeito. Use seu corpo. Faça o movimento com intenção. Hoje à noite, quando eu voltar para casa, já não existirá mais esse obstáculo...

E ele bateu com a porreta no muro. Várias vezes. E parou. Perguntei se havia aberto o buraco. Ele disse que sim. Um buraco enorme no qual ele cabia facilmente. Perguntei se ele gostaria de transpor o muro. Ele disse que já estava do outro lado e que tinha um campo cheio de árvores e uma estrada. Ele descreveu como uma paisagem refrescante e pacífica. Encerrei o exercício, contando de volta de 1 a 10, sugerindo que, a partir de agora, ele pudesse explorar novos caminhos, novos relacionamentos refrescantes e pacíficos...

Não fiquei nada surpresa quando ele me ligou apenas dois dias depois da sessão dizendo que havia conhecido uma pessoa especial. E ele ria, ria muito.

Exercício simples, prático e que traz resultados impressionantes

Você pode usá-lo quando seu cliente estiver indeciso entre dois caminhos a seguir.

1. Peça para seu cliente escolher um local em que ele se sinta

confortável. Leve-o até o local escolhido e peça para ele se conectar com a questão a ser trabalhada. Solicite que respire algumas vezes e se aprofunde na questão.

2. Sem sair do lugar, peça para ele escolher outros dois lugares para representarem o caminho 1 e o caminho 2. Peça para ele dar um nome para cada um dos caminhos. No lugar, coloque uma folha de papel com o nome do caminho.

3. Use a técnica da contagem de 10 a 1 para colocá-lo em um estado relaxado e profundo, sugerindo que ele tenha acesso a todas as informações do passado e do futuro referentes aos dois caminhos a serem analisados. Use muitas pressuposições positivas: "Enquanto eu conto, você relaxa"; "Enquanto conto os números pares você pode se aprofundar ainda mais"; "Enquanto conto os números ímpares, você aumenta seu acesso às informações dos dois caminhos" etc.

4. Peça para ele ir caminhando lentamente até o caminho 1. Você avisa que vai tocá-lo e o segura pelo braço até o papel do caminho 1. Enquanto ele caminha, você vai conduzindo-o a construir uma imagem detalhada desse cenário. Comece solicitando que ele visualize o ambiente no maior nível de detalhes possível. Depois, vá para seus comportamentos: O que ele faz? Como faz? Com quem faz? Depois, pergunte sobre suas habilidades. Explore sua identidade: quem ele é? Como ele se vê? Passe pelas crenças: Quais são seus pensamentos? No que ele acredita? E, finalmente, quem mais é impactado por esta escolha? Peça para ele descrever tudo o que ele vê. Quando terminar, peça para ele dar um passo para o lado e sair da posição.

5. Distraia-o. Pergunte a cor do seu sapato, sua blusa. Mude de assunto.

6. Repita o item 4 para o caminho 2.

7. Retorne-o à posição original. Deixe que ele elabore tudo

o que viu nos dois caminhos. Deixe que ele se expresse. Veja se ele precisa de algum recurso para seguir no caminho escolhido. Termine a sessão contando de 1 a 10 e incluindo todos os recursos que ele necessita para materializar sua escolha.

Dicas Extras

Aterramento:

Quando o cliente está falando rápido demais ou muito agitado, provavelmente está sem aterramento. Como uma árvore sem raízes, fica instável. Se possível, convide-o a tirar os sapatos e entrar em contato com a terra. Você pode simplesmente pedir que ele visualize uma "raiz" que sai dos pés e vai crescendo em direção ao centro rochoso da terra, vagarosamente, e quando ela chega lá começa a levar a energia da terra para o corpo, na altura do umbigo. Isso "carrega" o corpo com energia yang, quente, masculina, realizadora. Quando a fala fica mais lenta, abre espaço para se trabalhar a presença e a sessão adquire outra qualidade.

Rapport, conexão ou campo relacional:

A qualidade da conexão com seu cliente determinará o nível da transformação realizada. Estar conectado ao campo e "vazio" de si mesmo é o melhor estado para o *coach* estar e usar a Hipnose sempre com o conteúdo do cliente. Confie que ele vai realizar um trabalho lindo e transformador e esteja sempre atento e curioso para acompanhá-lo nessa jornada.

3

Sua preparação como *coach* por meio da Hipnose

Rodrigo Kenji Suzuki

Rodrigo Kenji Suzuki

Segundo o autor, é sutil a forma como revelações acontecem. Ele, formado em Engenharia Elétrica, despertou numa aula sobre sistemas operacionais na Engenharia e descobriu ali sua força: desvendar e facilitar o desenvolvimento humano.

Trabalha com sessões de desenvolvimento individuais ajudando pessoas que se sentem perdidas profissionalmente e querem encontrar uma carreira que lhes traga sentido, motivação e qualidade de vida.

Utiliza principalmente a metodologia do Coaching, além das ferramentas de PNL, Hipnose Ericksoniana e a CNV, ajudando a transformar temas teóricos em aprendizados práticos aplicáveis.

Sua preparação como *coach* por meio da Hipnose

A Hipnose é um estado natural de todo ser humano, todos nós somos capazes de hipnotizar e de sermos hipnotizados. Aproveitar este estado dentro de uma sessão de Coaching é como explorar uma grande mina escura cheia de pedras preciosas, você nunca sabe ao certo o que vai encontrar, mas sabe de alguma forma que ali existe um imenso potencial a ser descoberto.

Sua curiosidade como *coach* ao conduzir uma sessão de Hipnose é o guia para percorrer cada corredor dessa mina. Você, *coach*, não inicia uma sessão sabendo exatamente o que o *coachee* vai descobrir e aprender, apenas se sente curioso com o que vai encontrar nessa sessão.

Um processo de Coaching que não utiliza estados hipnóticos ou estados de transe, normalmente, não tem uma profundidade adequada para promover uma mudança sustentável no indivíduo em desenvolvimento.

Isso se dá devido às mudanças acontecerem no nível consciente do *coachee*, que naquele momento aparenta mudar seus comportamentos, mentalidades e crenças, inclusive alcançando resultados desejados, mas depois de algum tempo voltam como eram antes.

Veja que um estado hipnótico ou estado de transe não necessariamente acontece de olhos fechados ou utilizando aquele velho estereótipo do relógio balançando. Ele se inicia com uma profunda conexão do *coach* com o *coachee* no intuito de explorar possibilidades que o subconsciente ainda não explorou.

Um processo de Coaching que trabalha no nível do subconsciente leva a uma transformação nos hábitos, crenças e comportamentos muito mais sustentáveis e podem durar a vida toda.

Um *coach* em início de carreira normalmente se preocupa muito com a utilização da ferramenta correta, impressa em um papel bonito e timbrado com a sua própria marca, mas aos poucos vai percebendo que quanto menos ferramentas prontas ele usar mais rico é o processo, as possibilidades são infinitas.

As ferramentas como Roda da Vida, análise SWOT, Roda de Valores, grade de metas, ganhos e perdas e muitas outras que existem no mercado são excelentes para explorações iniciais, mas normalmente limitam a visão do *coachee* para outras possibilidades. Mais à frente contarei a história de um cliente que foi muito além da minha imaginação em seu processo de Coaching.

"Quem olha fora sonha, quem olha dentro desperta."

C. Jung

Grande parte das pessoas que busca um processo de Coaching não alcança seus objetivos, pois está fixada negativamente perante algum obstáculo ou desafio. "Nunca vou conseguir ter uma empresa própria, não é minha especialidade", "Não sou capaz de ocupar este cargo, não sei nem por onde começar", "Não me sinto preparado para dar este passo, não sei se é o passo certo".

Ela está fixada em algo que a limita, é o que chamamos de transe negativo ou de famosas crenças limitantes. Seu subconsciente está programado para viver a partir desta regra que limita os resultados que deseja alcançar.

Seu papel como *coach* é tirar a pessoa do estado de transe negativo e colocá-la em um estado de transe positivo, tirar o foco de atenção do cliente na grande barreira e explorar junto com ele quais são as possibilidades de contorná-la. Você não sabe ao certo como o indivíduo fará, mas está curioso para descobrir.

Certa vez um jovem de aproximadamente 25 anos me procurou para desenvolver sua capacidade de foco e atenção nos estudos e, assim, melhorar seu desempenho para fazer uma prova muito importante para sua carreira como profissional.

Por volta da 6ª ou 7ª sessão descobrimos, em um estado de transe muito profundo, qual a estratégia usada para estudar e fazer os simulados da prova. Seu inconsciente estava muito preocupado com o resultado que ia obter no final do teste, a cada pergunta uma voz interna, que ele apelidou de voz crítica, dizia "você precisa acertar esta, senão as próximas perguntas serão ainda mais difíceis e o resultado vai ficar cada vez pior". Já fazia muito tempo que ele não treinava alguns simulados, para evitar toda esta pressão.

Ao tomar consciência, exploramos a mudança do papel desta voz interna, que saiu de um papel crítico para um papel apoiador. Ele chegou a esta conclusão baseando-se em um técnico de futebol que admirava muito pela forma de resolver problemas e apoiar seu time.

A voz interna saiu do papel de criticar para um papel de apoiar e na semana seguinte ele fez o simulado, ouvindo a voz que agora tinha o papel de despertar a curiosidade dele para descobrir qual técnica ele utilizaria para resolver a questão e qual aprendizado ele teria sobre tudo isso.

Veja que neste exemplo eu nunca imaginei que ele utilizaria um técnico de futebol para encontrar sua estratégia de contornar a barreira que o impedia de obter resultados. Eu apenas estava curioso para saber como exatamente ele faria isso, afinal, ele possui todos os recursos que precisa para alcançar os resultados que deseja.

Ambas as vozes estão presentes dentro da mente inconsciente, a crítica e a apoiadora, a diferença é que agora ele está com toda a sua atenção voltada para a voz apoiadora, ou seja, ele está em um transe positivo em relação a sua meta.

A sua preparação

Para que você leve o cliente a um estado de transe dentro de uma sessão de Coaching existe algo muito importante a ser feito antes de a sessão se iniciar.

A sua preparação.

Para que seu *coachee* esteja em um estado de transe profundo antes é preciso que você esteja em estado de transe, o seu inconsciente precisa estar aberto e preparado para receber o inconsciente do outro.

Antes de ouvir, ver e sentir o inconsciente do outro é preciso abrir espaço dentro do próprio inconsciente para que o outro caiba dentro de nós mesmos.

O estado de transe é uma via de mão dupla, seu inconsciente precisa se abrir para que você abra o inconsciente do outro, o controle do transe está nas mãos de ambos, você acompanha o *coachee* deixando ser conduzido e o conduz para que ele possa acompanhá-lo.

Acompanha, acompanha, acompanha e conduz.

Normalmente o foco de um *coach* em início de carreira está na preocupação em fazer o cliente alcançar o resultado que deseja, no sucesso do processo. Um *coach* com mais experiência tira o foco do resultado do processo e passa a focar no cliente, um estado fascinado e curioso para saber quais serão os caminhos escolhidos pelo *coachee*, já que o sucesso do processo não depende diretamente do *coach* e sim do *coachee*.

A responsabilidade de alcançar o objetivo do processo está nas mãos do coachee.

Um ótimo exercício para preparação antes de a sessão iniciar é, sozinho:

1) Tome uma posição confortável na cadeira, feche seus olhos;

2) Sinta seus pés no chão;

3) Respire profundamente;

4) Conte cada respiração até somar dez, a cada número conecte-se mais e mais a si mesmo;

5) Traga uma imagem, um som, ou um movimento no corpo que desperte sua curiosidade, conecte-se a isso do seu jeito;

6) Traga uma imagem, um som, ou um movimento no corpo que desperte seu estado de presença, conecte-se novamente do seu jeito;

7) Abra seus olhos;

8) Sinta seu corpo;

9) Mantendo este estado inicie seu atendimento.

Quando entramos em uma sessão trazendo pensamentos positivos e negativos do "mundo externo" a qualidade da conexão entre você e o *coachee* é afetada diretamente. Seu estado de presença deve ser neutro, como um longo bambu chinês. O que irá definir se o bambu é ruim ou bom é o uso que você vai dar a ele.

Ao plantar sementes do bambu chinês você verá um pequeno broto por anos. Durante todos esses anos o crescimento é para baixo, subterrâneo, longas e complexas raízes se estendem por metros e metros na terra.

Após esses anos de crescimento para baixo o bambu começa a crescer para cima, em direção ao céu. Ventos fortes podem atingir o bambuzal, mas graças a suas raízes e a sua flexibilidade eles permanecem inabaláveis.

Há um tempo uma jovem que tinha por volta de 28 anos me procurou pois estava em dúvida quanto a sua carreira profissional, ela não sabia exatamente se era o que queria para o seu futuro. Estava insatisfeita com os dias que estavam passando, não estava feliz nem realizada com a sua profissão, o trabalho parecia um grande fardo que estava carregando.

Depois de algumas sessões estávamos explorando as possibilidades que via para sua carreira. Ela disse que estava trabalhando muito durante o dia, fazendo muitas horas extras e chegando em casa muito cansada, mas que era necessário para sua ascensão profissional e financeira. Outra possibilidade explorada era mudar de emprego, ganhar menos em troca de algo mais tranquilo, que não exigisse tantas horas de trabalho e assim poderia desfrutar de momentos de lazer.

Mais possibilidades foram levantadas ao longo das sessões, mas uma coisa chamou minha atenção.

Parecia que ela precisava abrir mão da sua tranquilidade e das horas de lazer para ter sucesso profissional, isto é, ou lazer ou sucesso profissional.

Ao explorar ela trouxe que essa expressão era uma verdade presente em sua vida, estava em um transe negativo em relação ao que buscava para sua carreira.

Utilizando estados hipnóticos ela passou a considerar os dois valores na sua vida, alcançar o sucesso profissional e desfrutar de forma tranquila o lazer que tanto buscava. Suas ações passaram a ser direcionadas para que as duas opções fossem consideradas, aos poucos, ao longo dos dias e isso fez total diferença para o nível de realização que ela sentia quanto a sua carreira.

Preparar o *coachee* para enfrentar situações desafiadoras

Ao se deparar com uma situação desafiadora para o *coachee*:

1) Primeiro reconheça o sentimento que envolve este desafio. Tristeza? Raiva? Medo?

2) Fale que você percebe este sentimento e que ele é bem-vindo na conversa, isso ajuda a criar espaço e conexão;

3) Peça para que tome uma posição confortável na cadeira e proponha um exercício de respiração para cuidar deste desafio;

O exercício consiste em respirar em seis tempos, seis tempos para inspirar e seis tempos para expirar, repetindo este ciclo cinco vezes.

4) Diga ao *coachee* para que acompanhe sua contagem com a respiração;

5) Conte de um a seis para que ele inspire;

6) Conte de um a seis para que ele expire;

7) Repita o ciclo cinco vezes;

8) Ao terminar os ciclos peça para que ele volte à respiração natural e traga a primeira imagem, som ou sensação que proporcione alegria e felicidade;

9) Peça que ele sinta essa sensação se espalhando por todo o corpo;

10) A partir deste estado comece a explorar o desafio.

Sempre que sentimos alguma emoção que nos limita perante um desafio, significa que existe uma necessidade importante que não está sendo atendida.

No exemplo acima, o cansaço e a insatisfação com o trabalho mostravam a necessidade da *coachee* de ter mais oportunidades em que pudesse desfrutar de horas de lazer sem se preocupar com os desafios profissionais.

Ajudá-la a encontrar possibilidades para desfrutar esses momentos sem que sua carreira fosse impactada negativamente foi essencial para o sucesso do processo. A barreira estava justamente em ela acreditar que era uma coisa ou outra. Neste caso tire seu *coachee* da situação e peça que ele olhe de fora para esta barreira, isso pode gerar *insights* riquíssimos no processo.

Automaticamente ele vai perceber pequenas ações no dia a dia que ajudam a integrar as duas opções. Sempre que o *coachee* propuser tarefas para serem feitas ao longo da semana fique atento ao tamanho do passo que ele está dando. Tarefas pequenas e significativas previnem que seu cliente não dê um passo maior que a perna. A consistência de pequenas tarefas é muito melhor do que uma tarefa grande e muito difícil de ser executada.

Coaching com Hipnose é trocar o OU do coachee por E

São infinitas as possibilidades que um processo de Coaching unido com Hipnose pode alcançar, é um processo sistêmico que integra e respeita valores, crenças e aquilo que o *coachee* realmente é no seu dia a dia. É como se você, *coach*, entrasse no mundo do *coachee* utilizando todos os recursos que ele possui e falando uma linguagem que ele entende.

Um processo de Coaching com Hipnose vai muito além de ferramentas feitas no papel, de listas de perguntas poderosas decoradas e de frases de efeito. A magia acontece a partir do momento em que o fascínio pelo mundo interno do indivíduo sentado a sua frente é maior do que a sua cobrança interna de alcançar os resultados que ele deseja.

4

Transformando o cliente de Coaching através da Hipnose

Marcia Sampaio

Marcia Sampaio

Sua existência está voltada para despertar o melhor de cada ser humano. Sua contribuição para esse mundo melhor é levar experiências marcantes, autodesenvolvimento e conhecimento ao máximo de pessoas possíveis.

Está no mercado há mais de 20 anos atuando em empresas como Sebrae-SP, U.S. Commercial Service, Hilton, além de experiências internacionais. Trabalha com desenvolvimento humano desde 2013. Atua com o treinamento *'Leader Coach'*, formando melhores líderes pelo Brasil.

Contato:

m@marciasampaio.com.br

www.marciasampaio.com.br

www.youtube.com/MarciaSampaioMS

www.instagram.com/ms.marciasampaio

Transformando o cliente de Coaching através da Hipnose

"Só se precisa confiar na mente inconsciente."
Milton Erickson

Neste capítulo você vai encontrar uma maneira simples, elegante e rápida para impulsionar estados de consciência mais elevada em seus clientes. O objetivo é dar recursos para que o cliente consiga quaisquer transformações que deseje para si.

A Hipnose Ericksoniana e os estados profundos de relaxamento são extremamente poderosos e possibilitadores no processo de Coaching. Essa técnica funciona como um ampliador, dá suporte para que o cliente tenha respostas mais alinhadas com seus objetivos.

Como usar a HIPNOSE no Coaching?

"Todos os recursos para resolver nossos problemas estão dentro de nós."
Milton Erickson

Existe um mito de que a Hipnose tira a consciência do cliente, talvez pela cena famosa na TV em que uma pessoa imita galinha ou come cebola na frente da plateia, após ser hipnotizada. De forma alguma isso representa a Hipnose dentro de um processo de Coaching. Nesse processo de confiança e transformação, a Hipnose dá ao cliente o controle de si mesmo.

Como *coach*, é muito útil ter essa possibilidade de aplicação em diversas situações, por exemplo: alterar estado interno rapidamente; programar novos pensamentos, comportamentos e sentimentos; ampliar compreensão do mundo interior, entre outras.

A intenção é fornecer para você algo simples de aplicar e que fará diferença no seu atendimento. Dentre as inúmeras possibilidades de aplicação da Hipnose no Coaching, escolhi a Hipnose Ericksoniana e os estados profundos de relaxamento por dois motivos principais:

1- Diversos clientes meus (em grupo ou individualmente) já foram beneficiados por esse procedimento e a grande maioria relata com entusiasmo que se sente melhor, mais leve, mais confiante, com mais clareza, entre outras coisas.

2- Extremamente eficaz quando o cliente chega em um estado sem recursos. Neste estado é bastante desafiador utilizar perguntas poderosas provocativas, já que ele está parcialmente ou totalmente desequilibrado.

O importante é conduzir o cliente a ter experiências que o instiguem a fazer diferente, que o convençam de que pode conseguir quaisquer mudanças que estejam alinhadas com sua felicidade e realização.

Item fundamental é uma trilha sonora já preparada. Diversas músicas para diferentes ocasiões, necessidades e perfis de clientes. Por exemplo, para um cliente católico devoto de N. Sra. Aparecida, ouvir uma 'Ave Maria' durante a indução hipnótica ajudará a relaxar e conectar ainda mais no seu estado de transe. Já para um cliente evangélico é interessante tocar um louvor. Talvez um cliente ateu se conecte com músicas mais neutras. Músicas neutras são coringas, elas excluem temáticas polêmicas, como sons da natureza, músicas sem referência a crenças (religião principalmente) e instrumentais. Além da possibilidade de ancorar algumas motivacionais com mensagens positivas, por exemplo 'A paz', de Gilberto Gil, ou *'Flowing River'*, de Marco Schultz. Músicas em outro idioma podem ter um efeito potencializado, principalmente se o cliente não falar a língua (visite meu canal no www.youtube.com/marciasampaioms para mais sugestões de músicas.)

Então com você centrado, munido dos recursos necessários e identificada a oportunidade de aplicar essa técnica, é hora de conduzir o relaxamento com Hipnose Ericksoniana.

O que fazer? Sugestões e orientações práticas

"O futuro não se prevê, se cria."
Robert Dilts

Nós vamos aplicar alguns padrões de linguagem modelados, a partir da atuação de Milton Erickson, pelos criadores e estudiosos da PNL. Neste modelo, partimos do pressuposto de que o cliente tem todos os recursos e conhecimento dentro de si, o *coach* apenas conduz e acompanha. Vamos percorrer um relaxamento com Hipnose Ericksoniana por completo.

Sua voz e forma de comunicação são ferramentas essenciais. Aplique pausas na sua fala, os "..." que seguem abaixo serão sugestões para incluí-las na sua condução. Use também sua voz como instrumento, alternando como uma comunicação com melodia, tons de voz mais altos, imitando sons como da respiração e como sua imaginação permitir.

Convide seu cliente a ficar o mais confortável possível, talvez tirar os sapatos, soltar os botões da calça etc. Enquanto isso coloque uma música ou som tranquilo, como sons da natureza, por exemplo. Em seguida peça para se deitar ou sentar de maneira agradável e começar a prestar atenção na respiração, deixando-a mais lenta e profunda. *"Encha os pulmões de ar lentamente e solte devagar... isso! Mais uma vez!"* Na segunda vez imite o som de inspirar profundamente e de soltar lentamente.

Peça para o cliente relaxar o corpo, parte a parte:

"Vamos soltar primeiramente o corpo... Coloque sua atenção nos pés... relaxa as pontas dos pés, solta a sola dos pés, relaxa o tornozelo, joelhos... aaaaah, isso mesmo. Solta as coxas, o abdômen, relaxa as costas, solta os braços, antebraços, as mãos... Isso, muito bom! Relaxa o peito, solta o pescoço, relaxa o rosto." Agora incluímos uma linguagem que ajuda o cliente a aprofundar seu estado de transe. Damos ao cliente dois ou três fatos que ele pode verificar com a mente consciente e uma condução para um estado favorável. Por exemplo, seu cliente está deitado em sua sala e você poderia dizer: *"Você sente o peso das suas costas sobre o chão (ou sofá etc.), pode sentir o tecido das suas meias tocando seu pé... e vai da sua maneira aprofundando mais e mais no seu relaxamento."* Neste padrão de linguagem damos informações para a mente consciente verificar se isso está ocorrendo realmente. A mente consciente do cliente vai checar se as costas têm um peso sobre o chão ou se dá para sentir o tecido das meias, e então o comando para aprofundar mais no relaxamento não será bloqueado pela mente consciente, que está distraída e vai direto para o inconsciente.

Repita mais uma vez a técnica acima, com fatos verificáveis diferentes, e agora adicionamos uma pressuposição positiva para o cliente no final. *"Neste estado de relaxamento, você pode perceber coisas curiosas sobre você mesmo, por exemplo, a temperatura do ar é mais quente quando inspiramos ou expiramos?"* Imite sons da respiração e então a condução com pressuposição positiva: *"Neste estado de expansão de consciência, você pode aprender mais sobre você mesmo"*.

Para o próximo passo é importante ter em mente que o *coach* não saberá para onde a mente do cliente estará caminhando, então devemos manter uma linguagem inespecífica. Podemos direcionar o cliente a ir na imaginação para um lugar especial, você não saberá ao certo qual é esse lugar. Partindo do pressuposto de que não sabemos se é um local fechado ou a céu aberto, não devemos, por exemplo, dizer "você sente o sol na sua pele". Se ele estiver dentro da casa dele, talvez não tenha sol e isso vai trazê-lo para a superfície novamente. Ou seja, a linguagem tem que ser inespecífica, contemplar somente coisas que com certeza estarão lá.

"No seu tempo, imagine um lugar muuuuuito especial, onde você se sinta muito bem. Pode ser uma praia, cachoeira, alguma parte da sua casa... Eu não sei bem que lugar é esse, mas você sabe. Aaaaah, muito bom... Você pode sentir a temperatura do ar no seu corpo e observar os batimentos do seu coração... TUM TUM. TUM TUM."

Neste ponto seu cliente já deve estar em um estado de transe, acompanhe a linguagem não verbal, se estiver ainda agitado de alguma forma, acrescente mais da estrutura fatos verificáveis, seguidos por condução e/ou pressuposições positivas.

Com o cliente em estado de relaxamento profundo são infinitas as possibilidades para seguir. Podemos incluir, por exemplo, uma metáfora em que o cliente vai filtrar e ficar com a parte que precisa ou, se você tem conhecimento sobre os *chackras,* pode conduzir passando por cada um para energizá-los ou equilibrá-los. Também podemos colocar aquela música especial para o cliente, conduzindo que ele se abasteça daquilo que mais precisa durante o tempo da música. Outra possibilidade é fazer um caminho imaginário por este local especial que o cliente escolheu.

Seja qual for sua escolha, tenha em mente que será uma viagem que levará o cliente a ter mais de algo que precisa ou busca. Se seu cliente precisa de autoestima, dê a ele algo que trará mais segurança, força e naturalidade para passar pelas mudanças. Caso seu cliente necessite de serenidade para tomar uma decisão, dê a ele recursos para ter sabedoria, coragem e presença para perceber as coisas como são de verdade.

Se você tem dúvida sobre o que seu cliente precisa, pergunte para ele antes. *"O que você acredita que pode te ajudar a resolver/melhorar essa situação?"* Nada é mais sábio do que a humildade de perguntar quando sentir que precisa de ajuda.

Antes ainda de entrar na parte final, me sinto na responsabilidade de falarmos sobre a ética neste tipo de trabalho. Tudo o que você disser aqui vai entrar sem filtro no inconsciente de seu cliente, já presenciei pessoas e empresas usando esse espaço para se autopromover ou vender cursos e produtos. Isso é totalmente inapropriado. Com certeza, se aproveitar da confiança de seu cliente neste momento de fragilidade vai trazer uma reação do universo. Lembre-se da lei do *Karma* ou da frase "Aquilo que se planta, se colhe".

Supondo que o cliente precise de ajuda para tomar uma decisão importante e que você escolha caminhar pelo local especial que ele elegeu e você desconhece. *"Você decide se movimentar por este local tão especial, sente sua mão tocando o entorno e isso lhe traz uma sensação de pertencimento. Aaaaaah... como é boa essa sensação. Está completamente seguro e em paz neste momento. Seus olhos encontram as imagens que o fazem se sentir ainda melhor, muito, mas muito tranquilo e equilibrado. Você segue sua intuição e acaba encontrando um objeto..., não sei ao certo o que é... mas esse objeto tem uma mensagem... mensagem muito importante para você... mensagem que vai ajudar a ter pensamentos claros e passos firmes rumo à sua felicidade e realização. Vá até esse objeto e se conecte com ele... isso mesmo, muito bom... A partir de agora você tem dois minutos do tempo do relógio, que são como horas neste estado de relaxamento, para fazer receber essa mensagem tão especial."*

Você pode encontrar diversos caminhos para conduzir seu cliente, se ele acredita em Deus, traga esse nome, o importante é que faça sentido para ele. Aqui pode-se aumentar o volume da música de fundo levemente ou até mesmo trocar de música. Dê o tempo e comece a conduzir no caminho de volta.

"Isso mesmo, muito bom. E a partir de agora você se prepara para voltar... de forma lenta e tranquila. No seu tempo. Você

começa a sentir seu corpo, ouvir melhor os sons aqui de fora, pode sentir o gosto na boca... e volta de forma leve e com um sorriso no rosto. No seu tempo..."

De volta, simplesmente pergunte como seu cliente está, se for meio de sessão siga normalmente, se for final de sessão, se despeça.

Exemplo de uso real

Uma cliente que acompanhei em um processo de Coaching com o objetivo de obter mais saúde e qualidade de vida. Estávamos na primeira metade do processo e tudo caminhava dentro do esperado, com conquistas e aprendizados.

Em uma tarde, ela chegou ao meu espaço visualmente abalada. Sentamos em minha sala e perguntei 'Como você está?'. Ela não respondeu e se pôs a chorar. Chorou por alguns minutos e eu estava ali fornecendo lenços de papel e minha mão como apoio. Quando ela se acalmou, relatou que estava com problemas sérios com a família, dizia estar completamente perdida e não queria falar sobre o assunto.

Eu a escutei com muito contato visual, acompanhando sua respiração e perguntei o que poderia ajudar a ter mais clareza nessa situação. Sugeri que fizéssemos um relaxamento, dizendo que iria ajudar a ter mais paz de espírito e clareza para seus próximos passos. Apontei um lugar repleto de almofadas, pedi para que tirasse os sapatos, abrisse o cinto da calça e deitasse da maneira mais confortável que encontrasse.

Coloquei uma música com sons da natureza, pouco a pouco a fui conduzindo dentro de um transe profundo e possibilitador.

Quando voltamos do relaxamento, ela estava com a expressão mais serena e dizendo que iria dar um tempo para acomodar dentro dela todas as informações, que iria falar com pessoas de confiança para apoiá-la nos próximos passos.

5) Exercício prático

	Sentado	**Deitado**
Postura corporal do cliente	Peça para o cliente colocar os pés no chão, mãos sobre as pernas e as costas retas.	Peça para o cliente deixar as costas retas, mãos sob o abdômen e pernas apoiadas no chão.
Início do relaxamento	*"Vamos iniciar esse relaxamento, comece prestando atenção na sua respiração, deixando-a mais lenta e profunda."* FAÇA SOM DE INSPIRAR E SOLTAR AR LENTAMENTE + 'PAUSA'	
Relaxamento	Inicie um relaxamento de cada parte do corpo, das pontas do pés até a cabeça. *"Vamos soltar primeiramente o corpo... Coloque sua atenção nos pés... relaxa as pontas dos pés, solta a sola dos pés, relaxa o tornozelo, joelhos.... aaaaah isso mesmo. Solta as coxas, o abdômen, relaxa as costas, solta os braços, antebraços, as mãos.... Isso, muito bom! Relaxa o peito, solta o pescoço, relaxa o rosto."*	
Acompanhe	*"Isso mesmo, muito bom."*	
	Inicie uma frase *"Enquanto você.... XXXX e XXXX,......"* e diga 2 fatos verificáveis de forma lenta.	
Fatos verificáveis	1- "Ouve minha voz." 2- "Sente os pés firmes no chão." 3- "Percebe o peso das mãos sob as pernas."	1- "Escuta a música de fundo." 2- "Sente as costas apoiadas no chão." 3- "Percebe o peso das mãos sob o abdômen."
Condução	*"Você relaxa da sua própria maneira."..... "Aaaah... Isso mesmo, muito bom."*	
Fatos verificáveis de novo	1- "A temperatura do ar é mais quente quando inspiramos ou expiramos?" 2- "Escuta o som da natureza." 3- "Percebe o peso das mãos sob as pernas."	
	"Mais relaxado, você pode perceber coisas curiosas sobre você mesmo, por exemplo a temperatura do ar é mais quente quando inspiramos ou expiramos?"	
Condução com pressuposição positiva	*"Neste estado de expansão de consciência, você pode aprender mais sobre você mesmo."*	
Peça para o cliente ir a seu lugar especial	*"No seu tempo, imagine um lugar muuuuuito especial. Pode ser uma praia, cachoeira, alguma parte da sua casa.... Eu não sei bem que lugar é esse, mas você sabe."* PAUSA	
Afirmações baseadas no sensorial do lugar especial	*"Aaaaah muito bom.... Você pode sentir a temperatura do ar no seu corpo e observar os batimentos do seu coração... TUM TUM. TUM TUM."*	

Escolha 1 opção para prosseguir

Metáfora
" Há um povo antigo no oriente que acredita que temos todas as ferramentas que precisamos dentro de nós, basta fazer silêncio para encontrar aquilo que precisa. A partir de agora você tem 2 minutos do tempo do relógio..., que são como horas neste estado de relaxamento..., para encontrar o que você precisa e está disponível para você... Algo simples e poderoso. Talvez uma mensagem, palavra, imagem... Você saberá quando encontrar."

OU

Música
" A partir de agora você tem o tempo desta música, que são como horas neste estado de relaxamento, para encontrar dentro de você aquilo que mais precisa. "

OU

Caminho pelo local especial
"Você decide se movimentar por este local tão especial, sente sua mão tocando o entorno e isso te traz uma sensação de pertencimento. Aaaaaah... como é boa essa sensação. Está completamente seguro e em paz neste momento. Seus olhos encontram as imagens que te fazem se sentir ainda melhor, muito, mas muito tranquilo e equilibrado. Você segue sua intuiçao e acaba encontrando um objetivo.., não sei ao certo o que é... mas esse objetivo tem uma mensagem... mensagem muito importante para você... mensagem que vai ajudar a ter pensamentos claros e passos firmes rumo à sua felicidade e realização. Vá até esse objeto e se conecte com ele... isso mesmo, muito bom. A partir de agora você tem 2 minutos do tempo do relógio, que são como horas neste estado de relaxamento, para fazer receber essa mensagem tão especial."

⬇ ⬇

Finalização
"Isso mesmo, muito boa. E a partir de agora você se prepara para voltar... de forma lenta e tranquila. No seu tempo. Você começa a sentir seu corpo, ouvir melhor os sons aqui de fora, pode sentir o gosto na boca... e volta de forma leve e com um sorriso no rosto. No se tempo..."

Dicas Extras

- Visite meu canal no www.youtube.com/MarciaSampaioMS e ouça relaxamentos conduzidos por mim.

- Crie sua sequência natural para conduzir o relaxamento, confie na sua intuição.

- Caso perceba que seu cliente está se desconectando, diga na indução: *"Se algum pensamento aparecer, somente o observe... e deixe que ele se vá. Quando puder volte para o aqui e agora... Isso mesmo, muito bom."*- Sua voz é seu instrumento, use e abuse disto.

- Tempo é completamente variável, existem relaxamentos de cinco a 40 minutos. Faça conforme o seu tempo disponível.

Coaching e Hipnose com metáforas, arquétipos e histórias

Li Defendi

Li Defendi

Coach, autora e professora. Começou a trabalhar com pessoas aos 16 anos de idade dando aulas de Inglês. Formou-se em Letras e resolveu estudar PNL, Hipnose, Eneagrama e outras ferramentas para se aperfeiçoar como profissional. Para ela, autoconhecimento é liberdade. Percebeu que os alunos buscavam nas aulas uma ferramenta para realizar um sonho maior, que ia além do Inglês. Tem trabalhado com pessoas desde então, auxiliando-as a ver além. Acredita muito nas possibilidades que as metáforas e as histórias proporcionam, usa a ferramenta em sessões e nas aulas.

Instagram: https://www.instagram.com/li.defendi/

Facebook: https://www.facebook.com/li.defendi

Página Facebook: https://www.facebook.com/lidefenditerapiando/

E-mail: lil.defendi@gmail.com \ lidefenditerapiando@outlook.com

Tel.: (19) 99666-9975

Coaching e Hipnose com metáforas, arquétipos e histórias

Hipnose num processo de Coaching?

Por que não? A hipnose é um processo de expansão da consciência, o Coaching é um processo de expansão de possibilidades para o cliente.

Hoje em dia o Coaching é bem conhecido, até porque tem Coaching de tudo por aí, não é mesmo? Os nichos são vários. É uma linda estrutura de trabalho que não precisa limitar-se apenas às perguntas. Não precisa ser *"in box"*. O foco deste capítulo será usar metáforas e arquétipos com a Hipnose.

Uma história metafórica é tal como contemplar uma obra de arte, cada pessoa que olhar o quadro vai sentir, ver, interpretar, pensar algo diferente, vai tirar dali algo diferente, embora o quadro seja o mesmo. Uma mesma metáfora, uma história vai surtir efeitos diferentes em cada cliente e cada situação.

Como usar?

Montando seu roteiro:

Havia <u>dois processos</u> que me ajudavam muito quando

comecei a usar Hipnose com os clientes e ainda não tinha muita prática.

Um processo era e ainda é trazer a atenção do cliente para a respiração, para o corpo e usar todos os elementos disponíveis: os sons do ambiente, a voz, texturas do sofá, cadeira, roupas, temperatura do ambiente, barulhos, música. Tudo pode ser usado. A Hipnose Ericksoniana tem um direcionamento, porém, não é impositiva, permite ao cliente algumas escolhas.

Exemplos de frases para o roteiro:

- Você pode ficar sentado ou deitar (se houver essa opção), ficar com os sapatos ou descalço. – Deixe o cliente confortável.

- Respire profundamente e devagar, puxe o ar e note o caminho que o ar percorre em seu corpo quando você inspira e expira, inspire contando até quatro e solte contando até cinco. – A respiração é um ótimo caminho para começar.

- Note como seu corpo está nesse momento, sinta os pés no chão (se estiver sentado), como você está nesse momento, como está seu pescoço, suas costas, as pernas descansando na cadeira (sofá), note que quanto mais você presta atenção na sua respiração (aqui você pode variar – atenção nos sons lá de fora, no barulho, na minha voz, na música de fundo) mais você se sente preparado para o trabalho que vamos fazer.

O outro processo era escrever tudo isso, desde o início, incluindo a parte da respiração, para ter segurança no momento do trabalho e obter prática também. Escrever tudo mesmo, roteiro do início ao fim.

Antes de começar a parte da história você também pode incluir no roteiro:

- Já já eu vou te convidar a embarcar numa história \ fazer uma jornada \ ouvir uma história.

- Eu não sei bem de que forma essa história vai te ajudar com o que você precisa \ o que ela vai fazer por você \ quais *insights* você terá \ que coisas novas você poderá descobrir \ quais novas portas serão abertas \ que respostas você encontrará \ o que vai pegar dessa história para você que será exatamente o que precisa para esse momento do espaço-tempo em que você se encontra... Mas eu sei que você já sabe.
- Eu vou contar de 1 até 5 e a cada número que eu contar você se sentirá mais preparado para receber essa história e tirar dela o que precisa.
- Ao chegar ao 5 você estará preparado para essa jornada.
- Dentro do tempo do agora o tempo não existe e podemos viajar pelo passado e pelo futuro, céu e terra, dimensões, chegar ao local da não localidade com total segurança, e, mesmo embarcando nessa história com profundidade, você também permanece no seu corpo, no presente, me ouvindo e me respondendo quando necessário.

Faça *rapport*, use sua voz como ferramenta, quando estiver na metáfora, conte a história, sussurre, firme a voz, alterne, use entonação, entre na história também, não é apenas uma leitura, você estará levando seu cliente para dentro de uma viagem. A história pode trazer infinitas possibilidades, se você investir um tempo legal colocando seu cliente no estado desejado como explicado no início; a qualidade da história, a forma como você conta, a metáfora escolhida fará toda a diferença.

Montar sua própria história para a sessão é como quando você escrevia uma redação na escola, com começo, meio, fim e alguns toques especiais personalizados, por exemplo:

Palavras-chave: o que o cliente trouxe nas primeiras sessões? Na entrevista? Ele usou metáforas? Símbolos? Locais? Sensações corporais ou sentimentos? Pensamentos? Sonhos? Quais dicas ele lhe deu sobre a situação atual e sobre o que ele quer com o processo? O que ele quer daquela sessão? Como quer se sentir ao final?

Quais recursos ele precisa? - Tudo isso pode ser colocado na história através de metáforas, arquétipos, personagens, cenários etc.

Exemplo

Atendi um cliente uma vez que estava com muitas responsabilidades no trabalho, tinha dificuldades para se organizar e sentia muita dor nas costas, fazia tratamentos, mas a dor apenas amenizava. Ele me disse que sentia <u>como se carregasse o mundo nas costas</u>.

Jung usava muito o conceito dos arquétipos – a palavra tem sua origem na Grécia antiga e significa padrão original. Ele acreditava que alguns personagens míticos universais residiam no inconsciente coletivo. Por isso as histórias agem por si só em cada pessoa.

Atlas é um arquétipo conhecido, o titã condenado a sustentar os céus para sempre. O cliente me deu uma metáfora, eu usei um arquétipo. Usei os elementos fornecidos por ele na sessão. Ele queria se sentir mais <u>leve</u>; <u>organizar</u> as atividades do trabalho, fazer <u>somente</u> o que era da <u>responsabilidade dele</u> sem se sentir <u>culpado</u>, já que ele fazia trabalho <u>dos outros</u> também. Essa é uma situação muito comum. Tudo isso entrou no roteiro da história.

O material fornecido pelo seu cliente deve ser usado nos roteiros da Hipnose. Fique atento, anote, use as dicas que o cliente der.

Quando usar?

Isso depende do que o cliente quer e precisa em cada sessão, porém, eu geralmente uso ou na sessão seguinte após coletar essas dicas, essas chaves que o cliente deu, ou na mesma sessão, se houver tempo. Com essa expansão da consciência que a Hipnose traz e a abertura de caminhos com as metáforas, é possível usar a ferramenta em várias situações: quando o cliente está perdido no processo e não sabe como dar os próximos passos, quando o cliente está com medo ou receio de algo, dificuldade de tomar decisões, está em busca de alguma resposta ou esclarecimento, de descobrir um novo caminho, dificuldades com relacionamento, baixa autoestima, carregando muita bagagem do passado (memórias, traumas, situações, crenças...), precisa se empoderar, reconectar ou adquirir algum recurso etc.

Em um dos meus *cases*

Não é incomum o cliente dizer que se sente perdido em alguma fase da vida. Nesse case, o cliente me relatou que estava em transição de carreira, havia se divorciado, estava recomeçando a vida. Ele não sabia como reajustar o percurso da vida. Estava sem um norte. Não sabia como lidar com a vida de solteiro, estava inseguro em relação ao trabalho e com medo.

As palavras sublinhadas são as chaves que ele me deu durante a sessão. Relatou que sentia como se estivesse à deriva no mar, que parecia que a tempestade não ia passar, se sentia engolido por problemas.

Todos temos fases de transição na vida, seja um casamento ou divórcio, ter filhos, mudar de emprego ou de carreira, de cidade ou de país, desemprego, processos intensos de autoconhecimento.

Segue o texto desse *case*. Esse texto pode ser usado quando o cliente relata estar perdido e não saber o que fazer, são várias possibilidades. Eu usei as chaves dadas pelo cliente, você pode adaptar para o seu. No meu livro *Terapiando*, há várias metáforas prontas para serem usadas, para diferentes *cases*, esse texto, porém, é novo, disponível apenas aqui neste livro.

Montei o roteiro como explicado acima (respiração, corpo, ambiente, contagem...) e usei este texto em seguida:

A Tempestade

Você estava navegando por mares calmos, caminho certo, direção, curso ajustado. E de repente, do nada, era como se você tivesse piscado os olhos e o mar calmo se transformara em ondas gigantes. O navio virou um barquinho, os céus escureceram e um vento forte começou a soprar e você perdeu seu norte.

Você olha para todos os lados e não consegue mais se localizar, as nuvens encobriram as estrelas e o sol, você se sente perdido no meio daquele mar bravo e agitado. O barco balança, fica instável, as ondas vêm enormes e você teme, é como se essas ondas fossem engoli-lo, por várias vezes seu barco quase vira, quase é destruído pelas ondas. Você apenas vê mais do mesmo, não importa qual direção seus olhos percorram. Parece não haver saída. O leme gira rápido e suas mãos mal conseguem segurá-lo, você perde o controle do barco algumas vezes. O coração está acelerado, corpo pesado, você se sente só e desesperado, com medo.

Então, você faz a única coisa possível no momento. Eu não sei bem o que é, mas sei que você já sabe qual é a única coisa possível de se fazer. Talvez você ainda não tenha reencontrado seu norte, mas já sabe qual é um passo possível.

Você fecha os olhos por alguns minutos e respira fundo e devagar. Firma os pés no chão do barco, embora o chão pareça instável, seus pés estão firmes como raízes de uma árvore. Você encontra o centro do seu corpo. Você ouve o som da chuva, dos trovões, do mar. E, através dos sons de fora, você encontra um caminho para os sons de dentro, um caminho para sua tormenta interior e percebe que a verdadeira tempestade está acontecendo do lado de dentro e é necessário encontrar o sol e a estrela-guia ali, no espaço interior.

Devagar, respirando profunda e vagarosamente, o coração começa a bater no ritmo normal. Talvez você perceba algo que ainda não havia percebido. Como é maravilhoso perceber coisas novas. Você percebe que respirando e apaziguando o coração o medo começa a sumir, começa a dar espaço à coragem, à paz. Você percebe que a tempestade é seu próprio estado interno refletindo lá fora. Uma vez passada a tempestade de dentro, começa a passar a de fora. Você olha ao seu redor e vê as nuvens se dissipando, o sol reaparecendo e, logo com o leme firme em mãos, você começa a se localizar, os pensamentos vão se tornando mais claros, como o céu que se abre sobre sua cabeça, trazendo novos *insights*, ouvindo a sua voz interna, que o guia. O que essa voz tem a lhe dizer? O que é possível agora? Sem julgamentos, apenas receba a resposta que vier. Você pode se surpreender com essa resposta. *(Breve pausa neste ponto)* – Você se sente preparado para dar um passo que depende apenas de você, o leme é seu para reajustar o percurso, eu não sei bem qual direção você vai escolher para ir agora, e quais novas aventuras vai viver, mas sei que você sabe que não está mais perdido.

No final do roteiro, após a história:

- Eu vou contar de 5 até 1, e a cada número você vai retornando para o aqui e agora, para esta sala, trazendo com você exatamente o que você precisava deste trabalho para seguir em frente \ trazendo com você uma mensagem final para levar para casa \ um símbolo \ uma resposta.

- Ao chegar no 1 você abrirá os olhos e estará se sentindo (coloque aqui como seu cliente queria se sentir ao final do trabalho).

Você também pode instalar âncoras, fazer perguntas:

- Que novas perspectivas você obtém com essa história?
- O que mudou? Ressignificou?
- O que você descobriu de novo? De diferente?
- Que *insights* obteve?
- Como foi passear por essa história? O que você pode tirar dessa história que seja importante \ relevante para você?
- O que aprendeu?

Use seu *feeling* – dependendo do processo as perguntas são bem-vindas e dão continuidade. **Outras vezes o silêncio é essencial.**

A metáfora e os arquétipos agem por si sós, o trabalho continua reverberando nos dias, semanas seguintes, por isso em alguns casos é interessante terminar o processo de hipnose e deixar o cliente à vontade para falar ou não.

Escolhendo histórias:

Sugiro meu livro **Terapiando** – *Uma viagem para dentro através de histórias*. Cada capítulo tem uma história repleta dos elementos citados acima. Seguem algumas sugestões de capítulos e situações.

A lagarta que queria voar - pode ser usada para clientes que estão passando por um processo profundo de transição e transformação na vida. Encerrando ciclos para iniciar outros, fazendo grandes mudanças em geral. Redescobrindo-se.

O senhor do deserto – trabalhar crenças limitantes sobre a realidade que vive. Reconectar-se com o poder de fazer mudanças que existe dentro de si. Lembrar que já possui as respostas e as chaves que precisa para caminhar pela vida e chegar aonde quer.

As vozes – qual voz de dentro é mais escutada? A que motiva ou a que põe para baixo? Ajudar o cliente a recuperar senso de importância no mundo e no lugar que ele ocupa aqui e aprender a ouvir mais a voz que motiva, mais positiva.

Adeus aos fantasmas do passado – trabalhar relacionamentos amorosos que acabaram e deixaram marcas, mágoas, ciclos abertos, situações mal resolvidas. Dar adeus a esse passado e seguir em frente.

Para quem trabalha muito com grupo feminino recomendo o livro *Mulheres que correm com lobos*. Esse livro contém muitas histórias populares com explicações sobre os arquétipos.

6

Como a Hipnose pode ajudar quando o *coachee* não consegue tomar uma decisão

Rafael Jorge Ruman

Rafael Jorge Ruman

Cirurgião Bucomaxilofacial pelo Hospital do Servidor Público Estadual. Hipnoterapeuta Ericksoniano e Transgenerativo pela Escola de Transformação Iluminatta.

Hipnoterapeuta Clássico pelo Instituto Fábio Puentes. Credenciado ao Protocolo Hypnogenesis® – Utilização da Hipnose no Sistema Imunológico.

Como a Hipnose pode ajudar quando o *coachee* não consegue tomar uma decisão

Clareza mental na tomada de decisão com a Hipnose

Muitos processos de Coaching são dificultados pela falta de clareza mental e de motivação na tomada de decisão, talvez por falta de recursos, por não conseguirmos enxergar as nossas motivações mais profundas ou pelas nossas crenças sobre o próprio processo. As dificuldades muitas vezes não são claras e óbvias, temos muitos mecanismos de defesa para bloquear o acesso à dor e à tomada de decisão. Neste capítulo vou descrever uma das maneiras de executar a Hipnose quando o *coachee* não consegue tomar uma decisão e o processo trava.

Com a Hipnose o cliente acessa melhor os seus próprios recursos internos e a tomada de decisão fica ainda mais clara, gerando mais facilidade e agilidade no processo de Coaching.

Nossa mente é composta por dois grandes blocos, o consciente, esse que controlamos aqui e agora e que é apenas uma pequena fração da nossa capacidade criativa, e o inconsciente, que possui uma quantidade de informações maior e muito mais recursos que podem ser acessados através de um estado alterado de consciência como a Hipnose, em que podemos entrar em contato com o nosso potencial criativo e nos surpreender cada vez mais com a nossa própria capacidade de recursos e de tomada de decisões. Com esse acesso podemos olhar para a mesma situação por um diferente ponto de vista, bem como aprender mais e ter condições de mudança e transformação.

O importante no processo de Hipnose é respeitar a maneira individual do cliente de entrar no próprio estado criativo e de recursos. Seu papel é favorecer o caminho pessoal do cliente e respeitosamente caminhar com ele, isso faz parte da filosofia da Hipnose Ericksoniana, que gera um profundo respeito ao cliente e ao seu processo de evolução. O *coach* deverá ter uma gentileza, delicadeza e carinho pelo processo do cliente. Um dos infinitos caminhos possíveis é, após conectar-se verdadeiramente ao seu cliente, conduzi-lo para que ele acesse o próprio espaço interno de recursos, de como amar ao próximo e como ter tranquilidade mental, permitindo tempo ao *coachee* para que ele vá se conectando com o espaço sagrado dele e com isso amplie as possibilidades de escolha.

Aqui o amor pelo processo e pela questão do cliente é muito superior à técnica empregada. Muitas vezes uma técnica simples executada com amor e total conexão com o cliente tem resultados fascinantes e surpreendentes. O nosso inconsciente tem um oceano de recursos para ser acessado e potencializar o trabalho. Relaxe, sinta o processo e aprenda com o cliente, ele será seu melhor professor no processo. Aceite verdadeiramente o que o seu cliente trouxer para a sessão sem julgamentos e surpreenda-se com as infinitas possibilidades que são trazidas pelo inconsciente do seu cliente. Observe como o *coachee* se comporta a cada etapa do processo, se ele está acompanhando o que você está pedindo, se seu corpo envia sinais não verbais de acordo com a sua condução. Sinais como respiração mais lenta ou rápida, coloração do rosto, posição de braços e pernas, sinais de tensão ou relaxamento, movimentos dos olhos, visíveis mesmo com os olhos fechados. Sinais simples que podem ser observados e acompanhados durante o processo.

A linguagem hipnótica é extremamente genérica, trazendo para o cliente seu próprio mapa de mundo, sua própria capacidade. A mesma condução executada até mesmo num mesmo cliente, em momentos de vida diferentes, pode ter resultados completamente diferentes. Eu pessoalmente sempre fico extremamente curioso para saber para onde o passeio pelo inconsciente irá nos guiar.

Minha formação é como cirurgião bucomaxilofacial e hipnoterapeuta, e a seguir vou dar um exemplo, entre os infinitos possíveis, de como a Hipnose pode auxiliar o *coachee* na sua tomada de decisão.

No final do capítulo vou deixar um link do YouTube com a demonstração da técnica para facilitar ainda mais o aprendizado.

Vocês devem sentar-se em um local arejado, confortável, onde você e o cliente podem ficar tranquilos, em conexão com o trabalho e com o que querem desenvolver.

Perguntas que o *coach* pode fazer ao *coachee* antes de iniciar a indução demonstram respeito à opinião do cliente, priorizam a opinião dele e o deixam à vontade em relação à presença do *coach*: "Vamos começar? A cadeira está confortável? Minha posição está satisfatória? Estou perto demais ou longe? Onde fica melhor para você?"

Diga ao *coachee*: "Lembre-se, cada etapa do relaxamento e da Hipnose, cada etapa do processo é para você e por você..."

O *coach* (já com a voz suave, firme e tranquila dá continuidade nos comandos). "Vamos caminhar no seu tempo, à sua maneira, enquanto você respira profundamente e começa a relaxar mais e mais... Isso, muito bom. Muito bom... Eu poderia convidá-lo a fechar os olhos agora... Ou daqui a pouco... E para abrir ainda mais os olhos da imaginação... Os olhos da mente... Nessa etapa, o desempenho não importa... Nem estar certo ou errado... O que realmente importa são seus próprios caminhos de respirar e se conectar cada vez mais à sua própria essência... Àquela parte da sua consciência que é exatamente o que ela é... Independentemente do que ocorre no mundo aí fora... Sempre vou te convidar a respirar profundamente e ir caminhando até esse seu local sagrado... Onde o silêncio...

Ou até mesmo o barulho o ajuda a relaxar ainda mais profundamente... Como uma longa caminhada... Que a cada passo dado... Leva você mais e mais ao seu próprio destino... E não é incrível que quando menos esperamos... Vamos nos aproximando mais e mais... Ao mesmo tempo que respiramos... Que o coração bate... Que as palavras dançam... Chegando exatamente aonde elas precisam ir e estar... Nos ajudando a acessar mais nossa essência... Eu não sei exatamente como a sua essência vai se apresentar... Mas sei que ela terá a melhor maneira... Que o ajudará a acessar seus recursos mais lindos e profundos... Facilitando ainda mais o processo que busca... Que procura... Alguns procuram há pouco tempo... Outros procuram há muito tempo... Outros procuram sem saber que procuram... E me pergunto qual seria a busca? Saber... Não saber... Ou achar que sabe? E será que realmente importa... Ou o que realmente importa é... Encontrar a felicidade nas pequenas coisas do dia a dia? Talvez nos pequenos acertos... Ou até mesmo nos pequenos erros... Mas sempre me pergunto: o que são mesmo os pequenos erros? E não é verdade que... Muitas vezes... Grandes descobertas são realizadas... Grandes buscas são feitas... Onde não entendemos completamente o que ocorre... Nem por que ocorre... Nem mesmo para que ocorre? Será que, em essência... Em verdade... O amor pode florescer... Onde menos esperamos? Será que... Ao se desapegar da tentativa de controle... O universo pode nos mostrar algo lindo... Surpreendente... Revolucionário? Talvez... Só talvez... Relaxando e nos conectando um pouquinho mais a nós mesmos... Podemos encontrar a nossa própria maneira de acessar nossas forças internas... Com delicadeza e gentileza... Da mesma forma que gostamos de ser tratados... Amados... Respeitados...

Talvez, a jornada que começamos... Possa nos levar a uma contagem de 1 até 10... Onde a cada número... A cada contagem... Possa nos levar mais um passo em direção ao nosso espaço mais sagrado... Mais belo e mais pleno de recursos... Onde o simples possa se conectar à nossa missão... Onde... Até mesmo nossas dúvidas e inseguranças... Possam nos ajudar a encontrar o melhor caminho... E até mesmo nosso propósito possa ser revelado... Apenas o que é possível hoje... Agora... No nosso entendimento... E capacidade de hoje... Olhando o outro com amor... Olhando a nós mesmos com amor... Com respeito... Permitindo que a dor possa trazer o ensinamento que ela veio trazer... Muitas vezes um ensinamento difícil... Mas que também passa... Desapegando de tentar reter o que não podemos reter... Desapegando de tentar controlar o incontrolável... Permitindo que nosso eu mais interno aprenda o que precisa aprender... E se transforme... Aprenda... Ame... E relaxe no processo... Onde a contagem começa...

1. Independentemente de onde estamos ou para onde vamos...
2. Caminhando e aprendendo...
3. Fazendo o que precisamos fazer...
4. E talvez a cada respiração profunda as emoções possam se equilibrar...
5. A cada respiração profunda uma intensa emoção possa nos ajudar e trazer força...
6. Sem importar de onde vem a força...
7. Mas permitindo que ela flua e venha...
8. Para alguns, essa força vem da natureza...
9. Para outros, vem dos ancestrais... Para outros, vem de uma maneira surpreendente...
10. Podendo permitir que flua...

Venha e se conecte de maneira profunda... Revelando... Liberando... Curando... Amando... Aceitando... Abrindo espaço para o novo... Cada vez mais... E talvez... A cada vez que entrar em sono profundo... Possa ter acesso... Cada vez mais a tudo isso... E se permitir cada vez mais... A trazer essas informações para a vida prática... Podendo permitir que a transformação aconteça... Cresça... Evolua... Tudo começa e deve evoluir... Levando o tempo que for necessário para ajustar o que precisa ser ajustado... Muitas vezes... Ajustando no decorrer do dia... Sempre respirando... E trazendo as informações ao corpo... Da decisão que busca... Sempre conectado à sua missão... Podendo buscar na sua consciência... No seu espaço sagrado... Onde possa lhe apresentar... À sua maneira... No seu tempo... Algumas mentes se apresentam de maneira divertida... Outras de maneira direta... Ou sua mente pode encontrar a sua maneira de encontrar a sua resposta... Podendo até mesmo refletir sem que perceba... Durante a semana... Ficando cada vez mais surpreso com as incríveis possibilidades que vão aparecendo... E talvez... Se conectando ao seu desafio... Talvez você opte em contar a sua verdade... Daqui a pouco... Ou conversarmos sobre ela na próxima sessão... De maneira clara... Como o dia... Sempre no seu tempo e à sua maneira... Convidando você aos próximos 60 segundos do tempo do relógio... Sua mente criar o que você mais precisa... Onde cada segundo do tempo do relógio... Pode servir para sua mente inconsciente trabalhar o que precisa... Onde cada segundo pode representar minutos... Ou até mesmo horas... Para a sua mente inconsciente... Para facilitar e solidificar ainda mais seu processo... Onde eu ficarei aqui ao seu lado... Em silêncio... Aguardando o incrível trabalho do seu inconsciente... Isso, muito bom mesmo... O trabalho da mente inconsciente é realmente lindo... O processo da sua mente inconsciente pode continuar... Durante as próximas horas, dias ou meses... Convidando você a retornar ao aqui e agora... Trazendo para o corpo... As informações mais especiais do processo... Para o corpo, que é o nosso veículo de transformar informação... Em ação... Voltando para o aqui e agora... Com as informações mais possibilitadoras... Desse passeio pela própria consciência... Em uma contagem de 3 até 1... E talvez, quando dormir... E iniciar o sono profundo... Esse processo possa ir ainda mais longe... Se conectando ainda mais ao seu processo de desenvolvimento... Crescendo e se desenvolvendo... Cada vez mais... Voltando e se sentindo muito bem em... 3, 2, 1... Quando as informações estiverem prontas... Abra os olhos devagar..."

Após essa etapa deixe o cliente processar as informações. Se ele sentir vontade de compartilhar a experiência, ouça em silêncio, sem explicações. O *coach* deve fazer apenas uma audição consciente, permitindo que o trabalho realizado pelo cliente aprofunde-se ainda mais e possa auxiliá-lo nas suas dúvidas, na sua busca, nas suas inquietações, trazendo-lhe a paz e a tranquilidade.

Para finalizar, faça o acordo com o *coachee* a respeito das tarefas para a próxima sessão, envolvendo os conteúdos acessados, favorecendo ainda mais o desenvolvimento do cliente. Muitas vezes o que o cliente precisa é de uma pequena mudança nas estratégias para que ele atinja o objetivo desejado.

Agora é colocar em prática o seu aprendizado e estudar o resultado que você obteve com a técnica, aprendendo sempre. Desejo a você excelentes atendimentos com a associação das ferramentas de Coaching com a Hipnose.

Segue o link do canal do YouTube, para acompanhar mais dicas e novidades sobre a Hipnose: https://bit.ly/2RH7Uxl

Excelentes atendimentos de Coaching com Hipnose!

7

A Hipnose no preparo da sessão e na condução da zona de excelência para o *coach* e para o *coachee*

Kátia Henriques

Kátia Henriques

Kasulo Desnvolvimento Humano reflete o processo de transformação, missão de vida e sonho de sua idealizadora Kátia de Lima Henriques Muzetti.

Através de diversos cursos buscando o autoconhecimento, no final do ano de 2012, Kátia descobriu sua missão de vida. Missão essa que se iniciou com um pensamento bastante latente... "Se eu mudei, muitas pessoas também são capazes!" E então surgiu uma linda frase inspiradora... "Seja você a mudança que você quer ver no mundo (Mahatma Gandhi)".

Formada em Economia, com MBA em Gestão de pessoas, trabalhou por 30 anos em empresas de diversos portes e culturas em áreas estratégicas como financeiro, administrativo e recursos humanos.

Descobriu, então, que o caminho inicial do autoconhecimento poderia e deveria ser disseminado, certificou-se Master em Programação Neurolinguística (Iluminatta Brasil), Life e Business Coach certificada pela ICC (International Coaching Community), grafóloga (Instituto de Desenvolvimento Humano Carlos Roberto Mussato), Eneagrama, Hipnose Ericksoniana, entre outros.

A Hipnose no preparo da sessão e na condução da zona de excelência para o *coach* e para o *coachee*

Descobrindo e desmistificando a Hipnose no Coaching

Dentro do processo de Coaching são utilizadas diversas ferramentas e entre elas a Hipnose.

Ao iniciar minha formação em PNL, na sala ao lado estava sendo realizado um curso de Hipnose e, confesso, fiquei bastante apreensiva, com certo medo de "pagar mico". Fiquei com esta impressão por algum tempo, confesso que bastante limitada de minha parte. Até que em um dos módulos da formação em PNL tive o primeiro contato com a Hipnose e iniciou-se o descobrimento e a desmistificação desta maravilhosa ferramenta que auxilia em diversos processos e com muitos ganhos. Pretendo de uma forma bem simples e objetiva apresentá-la para você.

A partir do momento que descobrimos ferramentas que podem nos ajudar a auxiliar nosso *coachee*, devemos, minimamente, conhecer o assunto e avaliar a melhor forma de aplicação.

Estados alterados de consciência, técnicas de Hipnose clássica, Ericksoniana, transe generativo, ou seja, o nome que você queira usar, nos permitem conduzir nosso *coachee* a acessar mais rapidamente questões que o impedem de atingir os resultados desejados.

Por que a Hipnose na vida e no Coaching?

Quantas vezes, ao dirigir nosso carro, chegamos ao destino sem observarmos o caminho? Estamos em transe! E não é interessante observar que, desta forma, não nos estressamos com o eventual trânsito, com o tempo, entre outras pequenas coisas? Acessamos de forma mais rápida e sem maiores questões nosso objetivo final. Assim é no Coaching, seja no estilo que for.

O Coaching tem esse objetivo, resolver mais rapidamente questões de ordem prática que nos limitam a atingir os nossos objetivos e, se temos esta ferramenta, o que nos impede de auxiliar ainda mais o nosso *coachee* e a nós mesmos?

E como usar a Hipnose no Coaching?

Utilizamos em um processo de auto-hipnose, para preparação, centramento, aterramento e disponibilidade para com o *coachee*, no momento da preparação da sessão;

No tom de voz e *rapport* com o *coachee*, utilizamos técnicas de estados alterados de consciência para relaxar, utilizamos metáforas, acessos para instalação de âncoras e reforços;

Busca de recursos próprios do *coachee* em algum momento vivido e "esquecido" por ele para subsidiar mudanças e transformações desejadas;

E em outras tantas aplicações.

O que fazer? Sugestões e orientações práticas

Antes mesmo da sessão inicial eu me preparo utilizando a auto-hipnose da seguinte forma:

Coloco-me em um ambiente confortável, tranquilo, e tomo algumas respirações bem profundas e lentas, colocando a minha atenção na temperatura do ar que entra e sai. E a cada respiração vou ficando mais tranquila e mais segura. Observo que à medida que respiro mais profunda e lentamente, de forma bem natural, vou me conectando mais a mim, a cada respiração, mais tranquilidade e mais segurança. Eu encontro e permaneço neste estado pelo tempo necessário que o inconsciente precisa para eu me sentir completamente segura ao retornar e certa de que desenvolverei um bom trabalho e o que surgir na sessão, estarei plenamente apta para trabalhar e ajudar o meu *coachee* a olhar para a questão, pois todas as respostas estarão disponíveis para ele. Conecto-me a este estado e permito que surja uma âncora (da PNL – Programação Neurolinguística – imagem, som ou sensação usados para manter o meu estado interno da maneira que desejo). Sabendo que o tempo do relógio não importa, pois o tempo necessário para se transformar toda e qualquer crença limitante pode ser diferente, permaneço em silêncio, conectada, e ao retornar estarei plenamente inteira e preparada para a sessão. Meu corpo me leva a uma respiração muito profunda, como que me "avisando" que tudo o que precisava ser feito foi feito! E, com muita delicadeza, eu agradeço esta oportunidade e este processo.

Quando o *coachee* chega para a sessão, antes que ele entre na sala de atendimento, eu me conecto à âncora, tomo a respiração e, automaticamente, estou segura e tranquila para o atendimento.

Certa vez, em um processo, cuja questão tratava-se de assumir um determinado cargo de liderança, percebemos uma limitação com relação ao posicionar-se de forma assertiva, e uma preocupação em ser "aceita" pelo todo.

Realizei a auto-hipnose descrita anteriormente, como minha preparação pessoal para o atendimento, e logo em seguida entrou na sala a cliente (*coachee*), parecendo bastante ansiosa.

Ao recebê-la, perguntei como ela estava e ela confirmou que estava bem, mas muito ansiosa.

No parágrafo a seguir descrevo os passos da sessão, preservando alguns conteúdos pessoais para explicitar a aplicação da Hipnose em uma sessão de Coaching.

Primeiro a convidei para realizarmos juntas um processo de aterramento *(enraizamento da nossa energia na Terra)*, e de centramento *(retorno ao centro pessoal mental, físico e emocional)*, para que ela acessasse um estado de mais recursos internos onde pudesse acalmar sua ansiedade, trabalhar com criatividade, tranquilidade e abertura às questões que surgissem. Ela aceitou.

Informei que estaríamos juntas neste processo, que eu a acompanharia por todo o tempo. E validei com ela novamente. Ela confirmou.

Em seguida convidei-a a se levantar, e, confortavelmente, respirarmos juntas, uma respiração bem profunda e lenta. Foi quando comecei com os comandos e sugestões hipnóticas Ericksonianas:

"Isso... vamos respirar bem profundamente, sem pressa... (e fui respirando junto com ela), pode ser que eu toque em você em algum momento, tudo bem?"

Ela respondeu que sim.

"Se quiser, você pode fechar os olhos e sentir o ar que entra e sai por suas narinas... Observe se o ar que entra é mais frio ou mais quente que o que sai... isso... muito bem!

Eu posso observar que você está de pé, com os pés no chão, as mãos soltas ao lado do corpo, respirando, e talvez você queira relaxar ainda mais!

Isso, muito bom! Eu posso observar que você está com os cabelos soltos, com os olhos fechados, respirando profundamente e, ao som da minha voz, você pode observar e talvez até sentir que dos seus pés sai uma luz vermelho rubi, como raízes que vão se embrenhando nos veios da terra, buscando se conectar ao centro do centro da terra, a força pulsante da energia terrena, isso... 1 metro para baixo, 2 metros, 10 metros, 1 quilômetro...

*isso, muito bom! E essa energia que se conecta à terra através dos seus pés sobe pelas suas pernas, sua panturrilha, seus joelhos, suas coxas e a quatro dedos abaixo do umbigo você sente esta luz vermelho rubi, lhe trazendo toda a energia da terra e você pode colocar a sua mão sobre a minha, se preferir, neste ponto e repetir: **"Eu estou Presente"**.* Ela, com as mãos sobre as minhas, repete: "Eu estou presente".

*"Isso... muito, muito bom. Sinta essa presença, como uma árvore, que tem suas raízes firmes à terra. Essa energia vai subindo e transformando a sua cor em cor de rosa... sobe para o seu peito... e ao chegar no coração (coloco a mão para indicar o ponto), essa luz se expande em uma grande circunferência de luz rosa e dourada, expande por 1 metro, 2 metros, 10 metros, isso... e agora você repete: **'Eu estou Aberta'**."*

Ela repete: "Eu estou aberta".

"Isso, e a cada momento que avançamos vamos nos recordando destas afirmações: (posiciono a mão) Eu estou presente (posiciono a mão no coração) e aberta".

Eu apenas posiciono as mãos e ela fala: "Eu estou presente e aberta".

*"Muito bom! E, a partir do seu coração, a energia sobe e de entre os seus olhos (posiciono a mão) se abre uma energia azul índigo e você amplia a sua terceira visão e repete: **'Eu estou Alerta'**."*

Ela repete: *"Eu estou alerta".*

Eu posiciono as mãos e juntas falamos: *"Eu estou Presente, Aberta e Alerta"*!

Ela repete sozinha!

*"Muito bom! E essa energia sobe para o topo de sua cabeça (posiciono a mão) e se conecta, através de um fio de prata com o universo, com o criador, com algo muito maior, que a alinha e conecta, e você sente e repete: **'Eu estou Conectada'**."*

Ela repete!

Eu posiciono as mãos e falamos juntas: *"Eu estou Presente, Aberta, Alerta e Conectada!"*

Ela repete sozinha!

"Isso! Vamos repetir algumas vezes, quantas sentir necessidade. Você sozinha, respirando e sentindo a energia e integrando todas as cores: rubi, rosa e dourado, azul índigo e prata. Todas as energias e recursos que cada um destes pontos lhe agrega. Eu estou presente, aberta, alerta e conectada! Um contribuindo com o outro, associando todas as energias!"

Ela repetiu por umas cinco vezes e eu fui acompanhando. Quando percebi que estava tudo integrado, dei mais alguns comandos.

"Isso! Muito bom! Quero que agora você permita que esta energia se conecte a cada célula do seu corpo, permita que a sua respiração e a sua corrente sanguínea levem essa energia para todos os poros do seu corpo."

Ela tomou uma respiração bem profunda, integrando tudo.

"Eu vou contar de 5 a 1, e, a cada número que eu contar, mais integrada essa energia ficará. 5, eu não sei se você vai correr numa estrada, vai descer um rio ou uma escada, mas você sabe! E a cada número que eu contar você vai mais profundamente buscar algo extremamente precioso para você, 4, 3, isso, 2, mais lá do que cá, 1. Isso! Muito bom! Eu não sei você, mas, quando eu preciso de recursos, eles sempre se apresentam, não sei se em forma de imagem, de som, mas eles sempre se apresentam. E é interessante, porque às vezes eu nem sei qual é o recurso que eu preciso, mas ele sempre se apresenta, e eu não sei se é uma caixa de tesouros, um álbum de fotografias, uma música... mas eu sei que você também encontrará algo muito precioso para você, para este momento.

Eu vou ficar em silêncio por um minuto do tempo do relógio, que pode representar horas, dias, meses ou anos e neste tempo você reconhecerá algo que me parece muito precioso para você, todos os recursos necessários.

(Permaneço em silêncio.)

Muito bom! Você está bem?"

Ela confirma com a cabeça e diz chorando:

"Eu tenho uma imagem. O dia em que eu tive alta do hospital quando eu tinha cinco anos."

"Parece-me um momento bem precioso para você" – respondo.

"Sim, ninguém conseguiu sobreviver a essa doença, e eu venci" – disse ela com confiança.

"Sim, e que recursos você tem aí, nesse momento?" – pergunto.

"Eu não duvido, eu tenho fé! Minha mãe está comigo o tempo todo, ela até trouxe uns doces escondidos (ri) e eu quero muito ir para casa comer doces com meus amigos."

"Isso! Se aproprie deste momento, tire uma foto. E eu vou contar de 1 até 5 e ao chegar ao cinco você estará aqui. Com a fé, a mãe, os doces e os amigos. Uma vencedora, com a alta do hospital presente, aberta, alerta e conectada a tudo isso sentindo-se muito, muito bem! 1, 2, 3, 4, isso, se conecte a todos estes recursos, 5. Isso! Muito bem! Tome uma respiração, com calma e quando estiver pronta, você pode abrir os seus olhos."

Ela abriu um largo sorriso, com os olhos ainda com lágrimas, mas lágrimas de alegria e leveza, e em seguida me abraçou longamente.

O que senti neste abraço? Muita gratidão!

Tomamos água, nos sentamos, e apenas acolhi o que ela trazia em sua fala e expressões.

Ela iniciou então um relato, contando que ao adoecer e precisar da internação, por volta dos quatro ou cinco anos, a mãe optou por largar o emprego e ficar com ela no hospital. O pai não aceitou a ausência da esposa e não soube lidar com a possibilidade de morte da filha, o que se anunciava como muito provável dada a gravidade da doença.

A mãe abandonou o trabalho e se internou com a filha por vários meses. O marido ficou vivendo com os pais junto com o outro filho. Daí vinha uma culpa, ela presenciou a tristeza da mãe acompanhando todo esse processo, em ser criticada por seu pai (avô da menina e que era muito machista) e pelo ex-marido, sem trabalho, dependendo das pessoas e com a filha doente. Ela sentia que tinha atrapalhado muita gente e que precisava, agora, agradar a todos!

Revendo a sessão, enfatizou a importância em realizar inicialmente o centramento. Desta forma se sentiu corajosa e protegida para acessar o que precisava! E, na condução da busca de recursos, entendeu que a vitória dela era também a da mãe, que os doces "contrabandeados" faziam parte da alegria da infância que a mãe não a deixou perder, apesar da tristeza que sentia e a importância dos amigos, que não a abandonaram, como fez o pai. Ela passou a ver a força dela através da mãe, como uma simbiose de energia, exatamente como aconteceu no centramento. As dores e tristezas da mãe foram superadas pela vitória dela e a conexão desta força mostrou que ela pode sempre se posicionar porque ela está fazendo por ela, ao mesmo tempo que está fazendo para o outro.

Desta forma, ela conseguiu acessar sua autoliderança e pôde assumir a liderança proposta pela empresa.

Dicas Extras

Nunca duvide da sua intuição! Este exemplo surgiu de uma maneira bastante inusitada.

Esta *coachee* havia me procurado inicialmente para uma leitura de *tarot*, outra ferramenta que também pode ser aplicada perfeitamente como um processo hipnótico. Antes da leitura das cartas, ao fazer a minha auto-hipnose de preparação, uma forte intuição me disse que, para este caso, o atendimento de Coaching com Hipnose deveria ser realizado, e não o atendimento de *tarot*. O que quero dizer é que nunca existe apenas uma ferramenta, não tenha preconceitos.

O Coaching, para mim, já é um processo revolucionário em soluções de questões bastante profundas de forma muito prática e rápida. Atrelado à ferramenta de Hipnose torna-se ainda mais eficiente e assertivo.

Acesse o canal:

youtube.com/channel/UCd-0a0Evtz3xFPkTaBjtczA?view_as=subscriber

E quando o cliente trava? Como remover bloqueios com a Hipnose

Melina Arantes Rodrigues

Melina Arantes Rodrigues

Hipnóloga e Master Practitioner em Programação Neurolinguística Sistêmica com certificação internacional pela Iluminatta. Reikiana, com formações em Eneagrama e em Espiritualidade, é uma eterna apaixonada por ensinar pessoas, contar histórias e modificar vidas.

Consultora de Negócios com atuação nas principais indústrias do setor automotivo, acredita que as empresas são feitas de pessoas e que cuidar delas é o melhor investimento que existe.

Melina é formada em Relações Internacionais pela PUC Minas, com pós-graduações em Gestão de Negócios e Marketing pelo IBMEC e Ensino de Inglês pela UFMG.

Contatos:

(55) (11) 99405-4648

melinaarantes@gmail.com

https://www.facebook.com/melinaarantes.pnl/

instagram: @melinaarantes.pnl

E quando o cliente trava? Como remover bloqueios com a Hipnose

Por que utilizar a Hipnose?

Normalmente, quando iniciamos um processo de Coaching, tudo começa muito bem. Os processos começam a dar resultados, tudo vai de vento em popa até que algo diferente começa a acontecer. De repente você começa a escutar muito: "Eu sabia que não devia, mas uma parte minha me mandava fazer exatamente o oposto", "eu não sei como aconteceu, mas na hora que eu percebi, eu já estava fazendo". De repente, os planejamentos não são cumpridos, as metas semanais deixam de ser alcançadas e o seu cliente começa a se autossabotar.

Você já parou para se perguntar por que isso acontece? Por que existe uma parte dentro das pessoas que faz com que, justamente na hora em que o progresso está acontecendo, algo simplesmente trave?

O nosso cérebro é fantástico, ele aprende através da repetição. Quando fazemos algo diversas vezes, aquilo se transforma em um padrão que seguimos sem nem prestar atenção. Isso é um mecanismo que nos ajuda a realizar tarefas mundanas, guardando nosso foco para questões mais relevantes à nossa sobrevivência e para novos aprendizados.

O problema é quando esses padrões deixam de ser úteis e mesmo assim nós continuamos a repeti-los inconscientemente.

Todo padrão de comportamento internalizado serve ou serviu para algum propósito muito importante, normalmente para que nós conseguíssemos sobreviver em face das situações desafiadoras. Essas situações podem, até mesmo, ser traumas de que nem temos consciência, mas que moldam grande parte de nosso comportamento.

Como forma de autoproteção, nosso cérebro não nos permite chegar diretamente nos problemas que mais nos afligem. Mas é justamente neles, nos lugares de grande acúmulo de energia traumática, que encontramos chaves para descobrir a fonte do comportamento prejudicial e para conseguir não só parar esse comportamento, mas alterá-lo para algo que seja útil e benéfico para o cliente.

É justamente por isso que devemos utilizar a Hipnose nessas situações de bloqueio. Porque normalmente nem mesmo o seu cliente entende de onde vem essa questão que o impede de seguir em frente. Através dela nós conseguimos entrar em contato direto com o inconsciente, que é ao mesmo tempo a chave e a fechadura, a causa e a cura.

Quando?

É possível utilizar Hipnose em vários momentos da sessão, mas para o caso em que estamos discutindo o melhor uso da Hipnose vem no meio da sessão, quando o cliente está preso em algum obstáculo. E naquele momento em que ele põe as mãos na cabeça e fala: "Eu não sei! Não sei o que fazer, já tentei milhares de coisas na vida para resolver isso, mas não consigo, é como se houvesse algo dentro de mim me impedindo de andar para frente. Uma parte de mim quer, quer muito, mas tem uma outra parte que não me deixa caminhar".

É justamente nessa hora que as técnicas que eu transmito para você agora serão extremamente úteis.

Como?

Mas você deve estar se perguntando: "Muito interessante essa questão, mas como eu faço para levar o cliente para um estado alterado de consciência? Como eu uso a Hipnose para chegar nesses lugares de grande acúmulo de energia traumática? Como eu coloco as partes internas dele para conversarem entre si? Como é que eu removo esses obstáculos?"

Na minha experiência, a grande maioria das questões que levam nossos clientes à estagnação é o conflito entre as suas partes internas que não permitem que alguns comportamentos sejam alterados.

Podemos transformar o desejo de mudança e o que está sendo bloqueado em partes, que precisam conversar entre si.

Coloco a seguir uma indução hipnótica que funciona muito bem nesses casos. Em seguida está o passo a passo de como você pode aplicar em seu cliente.

Indução hipnótica

"Enquanto você escuta o som da minha voz, sente suas mãos apoiadas uma na outra e sente o seu corpo pesar sobre a cadeira, você vai percebendo que começa a ficar cada vez mais relaxado.

A cada respiração que você faz, mais você começa a perceber que fica mais e mais relaxado, e, quanto mais relaxado você fica, mais você compreende o quão profundo você consegue ir. E, ao se aprofundar em você mesmo, você começa a entender o quanto tudo o que você possui, dentro de você mesmo, é capaz de realizar curas maravilhosas. Você começa a perceber o quanto entender o seu espaço interno faz maravilhas para a sua saúde física e mental.

Muito bem.

Dentro de todos nós existe um lugar maravilhoso, cheio de possibilidades, um lugar mágico, eu gosto de chamar esse lugar de meu lugar seguro. O meu lugar seguro é um campo aberto, maravilhoso, com um rio que passa devagar, e sempre que algo não pertence a esse lugar seguro, tudo o que eu faço é colocar esse algo no rio e ele vai embora, nem chega a incomodar. No meu lugar seguro tem uma pequena casa, e ao abrir a porta eu encontro uma escada em espiral, e a cada degrau que eu desço nessa escada em espiral, mais segura e mais em contato com a minha essência eu fico.

Eu não sei como é o seu lugar seguro, se está do lado de dentro, ou do lado de fora, se é aberto ou fechado, se é só seu, ou se existem outras pessoas aí com você, mas eu sei que ele é especial para você, e que nele está tudo o que você precisa para ficar cada vez melhor.

Eu não sei se para entrar você também desce uma escada, quem sabe você mergulha num lago profundo, eu não sei qual a forma que você possui para entrar nesse lugar, mas eu sei que somente você possui a forma de entrar nesse lugar. Na minha contagem de 10 até 0, você pode se permitir entrar cada vez mais no seu lugar seguro (10, 9, 8, 7, 6, 5, 4, 3, 2, 1, 0).

Ao chegar ao seu lugar seguro, olhe a sua volta. O que há aí? Quais os sons que você escuta? Permita-se ouvir por um momento. Perceba as sensações que você sente, perceba como o seu coração bate, como seus pulmões se expandem a cada respiração, perceba o quão seguro e tranquilo você se sente.

E, ao perceber sua confiança e sua tranquilidade, você pode começar a se soltar, e entrar cada vez mais em contato com a sua essência. A sua essência é você, você na sua forma mais pura, sem modificações ou alterações, sua essência é você. Perceba a sua essência, sinta, sinta como ela é você, ela é você.

Muito bem.

Mais do que qualquer parte sua, a sua essência sabe o que lhe faz bem, o que é o melhor para você. Ela é quem está acima de tudo, ela consegue ir além dos medos, das dores, além de tudo o que nos faz parar.

Ela é capaz de conciliar partes que vão a caminhos opostos, ela é capaz de unificar as estratégias e as ações.

Algo me diz que algumas partes suas, dentro de você, precisam da ajuda da sua essência. Traga essas partes para esse espaço seguro. E, enquanto você faz isso, nós vamos subir alguns níveis nessa escada, ou nesse mergulho, apenas o suficiente para que a sua essência e suas partes possam conversar entre si, ok?

Subindo de 0 até 5 (0, 1, 2, 3, 4, 5).

Muito bem. Como você está? Acredito que esteja se sentindo muito, muito bem. Talvez já esteja 100% preparado, ou preparando-se, para realizar mudanças maravilhosas em sua vida. Mudanças essas que todas as suas partes já começam a compreender e a trabalhar para ajudar você. Pois quem não quer uma vida melhor? Todas as suas partes querem, você quer. E não é maravilhoso quando isso começa a acontecer?

Eu o convido agora para trazer a questão que você veio aqui hoje resolver. Traga o que você quer, imagine o que você quer como uma parte sua. Como é essa parte? Coloque-a em sua mão, perceba a sua forma. Perceba seu tamanho. Ela é grande? Ou é pequena? Tem som? Como é essa parte?

Muito bem, agora na outra mão, eu o convido a trazer aquilo que o está impedindo, bloqueando, aquilo que o impede de chegar aonde você deseja. Como é essa parte? Qual o seu tamanho, suas cores e formas? Perceba essa parte.

Olhe para suas mãos agora, e no seu tempo veja como essas partes estão, como elas fazem você se sentir.

Há muito tempo eu ouvi uma verdade, dessas verdades que quando ouvimos ficam grudadas, no fundo de nossa mente. Eu ouvi que todo comportamento tem uma intenção positiva. Todo comportamento tem uma intenção positiva. Isto é, tudo o que a gente faz é para o nosso bem. Nossas partes só querem o nosso bem.

O que essas partes que estão à sua frente fazem de positivo para você?

Escute essas partes.

Muito bem.

As intenções positivas às vezes geram estratégias que acabam nos machucando. Em algum momento no tempo elas nos foram muito úteis, e devemos agradecê-las profundamente. Tome o momento agora para agradecer as suas partes, por tudo o que elas fizeram, pois se elas não estivessem aí você provavelmente não teria sobrevivido. Agradeça suas partes.

Mas, como um exoesqueleto de uma lagosta, que com o tempo fica muito pequeno para seu corpo, e apesar de ter servido como grande proteção uma hora precisa ser trocado para que a lagosta sobreviva, nossas estratégias também ficam pequenas para nós.

E, para o nosso bem-estar, elas precisam ser alteradas, em concordância com a intenção positiva de cada parte que o ajuda e também de cada parte que o está impedindo de caminhar no caminho traçado.

A nossa essência é extremamente criativa, e ela consegue encontrar as melhores alternativas para estratégias que nos entreguem o que nossas partes querem, mas de uma forma que todas as partes ganhem.

Pergunte para a sua essência qual a forma mais saudável, mais ecológica, mais criativa, mais simples e mais mágica para que a parte que antes o impedia possa agora mover você adiante. Isso mesmo. Uma forma diferente. Onde ela o move adiante, e ainda assim está satisfeita. Mais ainda do que antes. E se você possui duas partes o levando a direções opostas, peça a sua essência que lhe mostre uma maneira de deixar as duas partes felizes, com comportamentos que agradem as duas, e que sejam extremamente ecológicos para você.

Muito bem.

Agora pergunte as suas partes se elas aceitam se comportar dessa forma daqui para frente. (Se a resposta for negativa, continue buscando soluções até as partes aceitarem.)

Ok, então muito bem.

Agora eu o convido a juntar, pouco a pouco, essas partes que estão nas palmas de suas mãos, em um único lugar na sua frente, isso mesmo, veja como cada parte vai sendo modificada, e veja como sua forma de agir vai se modificando, e, quando você estiver pronto, traga essa unidade para a sua essência, para dentro de você, para o seu coração.

Pouco a pouco, enquanto você sente os comportamentos se alterando, você começa a perceber que esses comportamentos já são reais, e que eles já estão dentro de você.

Veja-se no futuro, agindo com esses comportamentos que já são seus, que são ecológicos e que lhe trazem tudo de positivo, lhe permitindo caminhar no caminho traçado. Veja o que você vê, ouça o que ouve e sinta o que sente. E, quanto mais você sente que esses comportamentos alterados já fazem parte de você, comece a trazê-los de encontro ao seu peito, de encontro a sua essência, até que tudo se integre e tudo seja seu, e que os comportamentos antigos já nem existam mais. Tente agir da forma anterior, e note o que acontece ao invés disso.

Muito bem.

Permita que seu corpo se reprograme.

Eu vou ficar em silêncio no próximo minuto do tempo do relógio, que é no tempo do inconsciente, como horas, dias, semanas e meses, para permitir que tudo tome o seu novo lugar dentro de você.

E com essa certeza, de que esses comportamentos já são seus, você pode começar a voltar, pouco a pouco, para nossa sala, aqui neste lugar, no tempo presente.

E, na minha contagem de 0 até 10, você pode retornar aos poucos, com os comportamentos alterados e com tranquilidade e energia para caminhar.

0, 1,..., e a cada número ímpar você percebe cada vez mais o quanto suas partes agem cada vez mais de forma ecológica, 2, 3, 4, e a cada número par você sente a certeza, de que todas as suas partes estão alinhadas com a sua essência 5, 6, 7, 8, 9, 10)."

Encerrada a indução hipnótica e o estado de transe, dê algum tempo para o seu cliente se organizar e depois conecte as mudanças, *insights* e aprendizados com o processo de Coaching, usando perguntas poderosas que o coloque de volta ao processo, agora em uma nova condição.

Passo a Passo para a Indução Hipnótica

1 – Inicie o processo de transe.

2 – Controle a profundidade do transe.

3 – Faça com que o cliente entre em contato com algo que seja seguro e superior ao problema.

4 – Traga a questão a ser trabalhada e o que está bloqueando o *coachee*, como partes internas dele.

5 – Traga consciência para a intenção positiva das partes.

6 – Deixe a essência ajudar a encontrar comportamentos mais ecológicos para substituir os que traziam resultados indesejados.

7 – Pergunte se as partes concordam com essa nova forma.

8 – Coloque o cliente no futuro, onde o comportamento já existe de forma eficiente.

9 – Traga o cliente de volta, com pressuposições otimistas e positivas sobre o futuro.

E depois?

Depois que seu cliente sair do estado de transe, é muito importante sentar com ele e ver o que mudou dentro dele, como está se sentindo. E principalmente o que ele irá fazer diferente daqui para frente.

Faça com que ele trace uma meta específica já para a próxima semana, pois assim tudo o que aconteceu no seu inconsciente é trazido para o consciente, e já inicia a mudança dos hábitos.

9

Reimprinting: reprograme o passado para transformar o futuro!

Léa Macedo

Léa Macedo

Atua em desenvolvimento humano transformacional. Desenvolve competências comportamentais/relacionais; capacita lideranças e equipes, desde 2002.

Ministra treinamentos em abordagens conversacionais persuasivas para particulares e profissionais de todas as áreas. Realiza atendimentos em Coaching, Hipnoterapia, PNL e Mentoria para *coaches*, presencial e online.

Coach, pelo Integrated Coaching Institute (ICI).

Trainer em Programação Neurolinguística (PNL), pela Sociedade Brasileira de Programação Neurolinguística (SBPNL).

Psicodramatista. Hipnoterapeuta.

Reimprinting: reprograme o passado para transformar o futuro!

Quando se faz necessário reprogramar algo do passado para obtenção de um futuro desejado com objetivo e metas específicas, a complementaridade entre Coaching e Hipnose se faz um caminho poderosamente assertivo.

O processo de Coaching se desenvolve na temporalidade presente-futuro e tem como objetivo precípuo levar o *coachee* ao *status* desejado a partir do seu *status* atual. Por essa razão, quanto mais dentro do "aqui e agora" estivermos em cada sessão, mais efetivo e transformador o processo se tornará, uma vez que o futuro que se quer alcançar exige ações congruentes no momento presente. Não obstante, o *status* desejado poderá ter em sua construção elementos de experiências vividas no passado. Em muitos atendimentos essas experiências agregam aos planos do *coachee* impulsionando-o ao seu objetivo. Já em outros, o passado tal como esteja registrado emocionalmente apenas o prejudicará ou impedirá o seu progresso.

Neste contexto, acessar o inconsciente proporciona um salto na qualidade e agilidade das respostas de autoconhecimento do cliente. A Hipnose é uma das técnicas mais eficazes, rápidas e efetivas de acesso à mente inconsciente propiciando a transformação de programas mentais, percepções, emoções e crenças que já conheci. Ela permite que o *coachee* encontre suas próprias respostas fidedignas e precisas, para então reprogramar o significado de experiências vividas, construídas ou recordadas, em prol do seu objetivo no processo.

A Hipnose pode e deve ser usada em todo momento e etapa do Coaching principalmente como transe conversacional, que se constitui numa forma persuasiva de comunicação que utiliza várias estratégias de linguagens verbais e não verbais, fazendo a pessoa se conectar com ela mesma, gerando autorreflexões e sensações correspondentes. O cliente foca a atenção para dentro de si, enquanto conversa com seu *coach*, numa atmosfera crescente de sintonia e confiança.

Hipnose pode ocorrer em vigília, em transes leves, médios ou profundos, durante a conversa ou na aplicação de ferramentas como na Programação Neurolinguística (PNL).

Eu a utilizo desde o primeiro contato que o cliente faz até o encerramento do trabalho, empregando os recursos das sugestões diretas e/ou indiretas. Sugestões são ferramentas ou expressões comunicacionais de toda forma, que permitam gerar influência sobre a outra pessoa. As sugestões diretas vão em direção ao ponto da mensagem ou instrução que se deseja instalar, e as indiretas deixam subentendida a mensagem principal.

Visando a persuasão sempre demonstro minha genuína satisfação ao receber o contato de um *coachee* em potencial. Imprimo sentimentos nas minhas comunicações. Faço com que o cliente sinta que somos gente em plena interação humana em função daquilo que ele deseja alcançar. Crio uma atmosfera de proximidade, sintonia e simplicidade. Provoco nele a segurança e a responsabilidade bilaterais em nossa parceria, as quais nos unirão por todo o trabalho a ser desenvolvido. Neste capítulo demonstrarei a utilização da Hipnose associada a uma poderosa ferramenta da PNL, o Reimprinting.

Antes, creio ser bastante válido citar uma das frases do dr. Milton Erickson, psiquiatra e psicólogo, um gênio da Hipnose. Dizia ele: "A Hipnose é uma relação especial entre duas pessoas. E toda comunicação de sucesso é Hipnose".

Jamais permita que seu processo de Coaching seja apenas o cumprimento de um método. Promova uma genuína relação com seu *coachee* em que significados, emoções, sensações, e experiências são sentidas para muito além do som das palavras.

Acompanhe-me no *case* a seguir:

Uma empresa de grande porte solicitou o processo de Coaching para um de seus executivos de contas, queixando-se da oscilação de desempenho relativa ao atingimento de metas ora muito satisfatório, ora ineficiente. O gestor do setor não conseguia compreender o que fazia com que aquele vendedor com tantas qualidades, habilidades e competências oscilasse significativamente em seus resultados.

Ao reunir com o gestor da área, com o líder imediato e o executivo de contas, neste *case* o *coachee* em questão, para o alinhamento do objetivo a ser alcançado e sobre quais indicadores mensurariam o atingimento, eles concluíram haver três competências a serem desenvolvidas e as denominaram planejamento, foco e disciplina.

Iniciamos o processo mapeando o *status* atual. O *coachee* estava seguro da sua paixão e vocação para vendas, afirmando isso claramente com as seguintes colocações: "Quando entrei na área de vendas falei: é isso!". "Sou um cara que tem uma ambição de média para grande. Quero ser um gestor comercial."

Não obstante a sua certeza sobre a capacidade para ser um executivo de contas e quiçá um gestor comercial, já na segunda sessão o *coachee* conjecturou: "Não sei se pelo elevado nível de estresse e pela **autocobrança exagerada,** parece que meu cérebro está a mil por hora, estou perdendo o foco rápido e me distraindo muito fácil numa tentativa psicodélica de agradar e resolver o problema de todos. Isso tem prejudicado absurdamente meu desempenho e resultados a ponto de me sentir muito desanimado e com a corda no pescoço em relação à empresa".

Quando o próprio cliente usa a expressão "auto", abre-se um alerta em minha mente de *coach*, pois ele está trazendo para o processo algo importante da relação dele consigo próprio, uma provável crença limitante que o paralisa ou retarda o atingimento do objetivo para o qual buscou o Coaching.

Observe outras expressões que o *coachee* foi manifestando ao longo das sessões, em seu progresso no autoconhecimento, que foram sinalizando a necessidade de uma estratégia que permitisse ir mais profundo na mente inconsciente ao encontro de respostas fidedignas. Veja também como elas estão de alguma forma relacionadas à questão da autocobrança:

- "Acho que **alguma coisa dentro de mim** não dá importância ao planejar."
- "Quando sou cobrado, eu patino ao invés de acelerar, devido à ansiedade e **autocobrança**."
- "**Na minha cabeça acredito que devo ajudar o cara para ele ficar satisfeito e,** a fim de vender mais para ele, acabo cedendo demais."
- "Às vezes tenho **pensamentos sabotadores**: imaginando que não dará certo, por **mais que eu queira** fazer dar certo."
- "**Concluí que tenho certa dificuldade em tratar objeções quando o cliente tem razão, pois, devido a minha capacidade de ser confiável, negar a razão do cliente retira o meu crédito perante ele.**"
- "**Tento ser muito 'boa praça'**. Sou prestativo demais. Nisso perco o meu foco. Agora entendi que preciso muito saber falar não, e priorizar as oportunidades."

Pode-se perceber nas frases acima epigrafadas a correlação com a expressão **autocobrança**. O *coachee* exacerba em seus comportamentos e atitudes a sua crença limitante de que precisa excessivamente agradar aos outros, numa necessidade incessante de provar que é confiável.

Continuamos a condução do processo. Na sexta sessão, na etapa de identificação de obstáculos à competência em desenvolvimento, perguntei: "O que, se você já tivesse desenvolvido, lhe permitiria resolver essa autocobrança?"

Ele respondeu: "Preciso melhorar minha forma de posicionamento. De 0 a 5, hoje estou 2,5. Se chegar a 5 estarei mais poderoso".

Então erigi uma nova pergunta: "Como fazer para chegar a 5?"

Ele explanou: "Preciso aprender a desagradar e saber que isso não é ruim. Ter autoconhecimento e recurso para desapegar de querer agradar o tempo todo".

Neste momento escolhi usar o Reimprinting, essa ferramenta poderosíssima da PNL que é uma técnica de regressão à idade através do transe conversacional. Ela permite regredir ao momento em que a causa emocional do problema surgiu, podendo reprogramar aquela experiência. Eu uso o Reimprinting associado à maioria dos processos que conduzo porque em grande parte dos casos o que impede a mudança transformacional requerida, para o alcance efetivo do futuro desejado, é uma programação emocional estabelecida em algum momento do passado do cliente, fazendo com que ele repita um comportamento inconscientemente limitante e prejudicial em sua vida atual.

Realizamos a regressão e os resultados foram surpreendentes.

Em suma, o Reimprinting é:

- Identificar na fase atual uma experiência em que o cliente vivenciou o problema (neste *case*, um momento em que a necessidade de agradar elevava a autocobrança a níveis exagerados, causando desânimo);
- Conduzir para reviver a experiência, por meio do transe conversacional, fazendo ver, ouvir e sentir, vivificando a emoção.

Em seguida, sugestionar que a mente inconsciente use essa emoção como guia em direção ao passado até o momento em que o *coachee* aprendeu a se sentir assim;

- Identificar a estrutura subjetiva daquele aprendizado, que são as percepções mnemônicas registradas na parte sensorial do cérebro nas áreas das imagens, dos sons e das sensações, identificando também os envolvidos na situação.

Até aí lidamos com a programação limitante;

- A partir de então começa a reprogramação, que ocorre na ação da mente inconsciente do cliente para identificar a intenção positiva dos envolvidos naquela cena, tanto dele próprio quanto dos demais. Depois, o próprio cliente identifica qual recurso teria sido necessário para que todos pudessem ter impresso suas intenções positivas na situação vivida. Para cada envolvido a mente inconsciente do cliente identifica a intenção positiva e o recurso necessário;

- Após essa identificação conduzimos o cliente a se lembrar de um momento vivido por ele próprio em que usou o referido recurso, ou seja, em que se comportou de tal maneira. Assim, o associamos à experiência do recurso, identificando a estrutura sensorial (ver, ouvir e sentir) e o induzimos a transferir esse recurso sensorialmente para a pessoa envolvida naquela cena do aprendizado da emoção negativa. Realizamos esse processo para cada indivíduo da cena conforme o recurso específico. Em toda reprogramação o cliente é conduzido a voltar sensorialmente e reviver a cena transformada pelo recurso transferido, experimentando e registrando as novas sensações positivas diante da mesma situação.

- Após a transferência de recursos para cada envolvido, o cliente transfere recurso também para si próprio, reprogramando a emoção negativa causadora do problema tanto na cena de origem quanto naquela do início do Reimprinting, ou do *status* atual. Feito isso, o conduzimos em transe para experienciar seu futuro desejado, dando sugestões diretas e/ou indiretas, em que o cliente se sente liberto da emoção negativa e do comportamento limitante, lidando com os desafios e oportunidades sem o impedimento de outrora.

O *coachee* deste *case* regrediu aos seis anos, numa situação em que não conseguia se expressar diante da mãe que era muito exigente, em função da superproteção que ela exercia sobre ele. Razão pela qual ele não se expressava, a fim de fugir do julgamento e críticas da mãe, por medo de o pior acontecer.

Com a reprogramação ele aprendeu que se posicionar, dizer não e consequentemente desagradar não o desabonava em suas competências e capacidade de ser confiável.

O resultado desse processo de Coaching com Hipnose foi o sucesso absoluto. O *coachee* bateu todas as suas metas individuais e cooperou para o alcance das metas da equipe em 11 dos 12 meses subsequentes do ciclo anual, impactando significativamente para que a filial onde trabalhava recebesse o prêmio nacional em vendas.

Após o Reimprinting as sessões posteriores são utilizadas para validação da transformação e possível expansão do objetivo.

Antes de terminar gostaria de deixar uma dica:

Sempre que for ajudar o seu *coachee* a gerar a própria tarefa para o intervalo entre as sessões procure criar perguntas na primeira pessoa, por exemplo:

- O que exatamente, se eu estivesse fazendo, já teria me colocado na condição que eu desejo?
- O que eu sinto e penso, a cada momento que estou vivendo a situação que me trouxe para o Coaching?

Dessa forma você provoca o transe conversacional através do "olhar para dentro" ou *downtime,* pois ao ler ou se lembrar da pergunta, que está na primeira pessoa, o cliente dirige a pergunta a si próprio tendo que se voltar para seu mundo interno para respondê-la.

Trabalhar com desenvolvimento transformacional humano é, indubitavelmente, também autotransformador. O cliente e suas demandas são, não raras vezes, espelhos para nós. O que faz essa profissão muito gratificante.

Que nossa interação, iniciada neste breve capítulo, possa continuar com novas trocas de experiências, parcerias ou trabalhos.

Seja bem-vindo ao site www.leamacedo.com.br e Instagram @leamacedocoach, lá temos conteúdos, vídeos, dicas e vivências interessantes à nossa prática.

Sucesso!

10

Hipnose no Coaching em grupo

Nelson Cenci

Nelson Cenci

Trainer pela Success Resources e pelo escritor do livro *Os Segredos da Mente Milionária* e idealizador do "Millionaire Mind Intensive", T. Harv Eker. Hipnoterapeuta com formação internacional pela OMNI Hypnosis Training Center e pela International Board Of Hypnosis. *Coach* com formação internacional pela Florida Christian University e pela Federação Brasileira de Coaching Integral Sistêmico. Analista de Perfil Comportamental CIS Assessment. PNL Sistêmica Inicial pela Iluminatta Escola de Transformação. Expandindo a Consciência e outras formações no Instituto Tadashi Kadomoto. Empretec pelo Sebrae.

Gestor de uma empresa de treinamentos e um escritório de advocacia de sucesso.

Contato: nelson@nelsoncenci.com.br

Hipnose no Coaching em grupo

Diferença entre Coaching em equipe e Coaching em grupo

Coaching em equipe é um trabalho desenvolvido para um grupo de pessoas em busca de um objetivo comum na realização de um projeto específico. É normalmente aplicado no âmbito corporativo.

Coaching em grupo é um trabalho desenvolvido com ênfase no desenvolvimento de objetivos individuais dos participantes. Nesse caso, embora a metodologia aplicada a todos seja a mesma, a busca de cada participante não necessariamente será igual. Contudo, a troca de experiências e vivências auxilia no desenvolvimento do grupo.

É importante a consciência de que o trabalho de Coaching coletivo está voltado ao desenvolvimento dos participantes, com objetivos comuns ou não, através de experiências vivenciais, ações práticas e integração entre os participantes, além da absorção de conteúdo através dos métodos expositivos tradicionais.

Porque usar a Hipnose no Coaching coletivo

A Hipnose é uma ferramenta extremamente eficaz para trazer à tona o estado de presença, sentimentos, pensamentos, comportamentos e crenças que muitas vezes estão obscuros para o participante, além de trazer também quebras de estados de resistência, levando a uma abertura maior do cliente, possibilitando que ele esteja mais receptivo ao processo de Coaching.

Também facilita emergirem os recursos internos do cliente, identificando-os e depois podendo registrá-los através da utilização de âncoras ou outras formas, em expansão de consciência.

Outra possibilidade é a de reviver o passado ou vivenciar objetivos futuros com maior intensidade, sobretudo quando a indução hipnótica conduz a vivências sensoriais sinestésicas, visuais e auditivas do participante.

O uso de metáforas em Hipnose também pode ser trabalhado com resultados excelentes no processo de Coaching, sobretudo quando o *coach* tem a habilidade para, de forma sutil, introduzir situações que podem remeter o *coachee* a desafios que ele tenha trazido durante as sessões. Uma metáfora bem empregada num processo hipnótico costuma ter resultados excepcionais porque elimina ou diminui o peso da culpa das percepções de eventuais comportamentos nocivos que ele venha tendo, permitindo que ele fique apenas com a autorresponsabilidade e a consciência da necessidade de mudança.

Considerando que Hipnose é todo processo que ultrapassa o fator crítico da mente consciente, estabelecendo uma sugestão aceitável para a mente subconsciente, o uso da repetição de frases ou ideias positivas em Hipnose também costuma ter efeitos significativos na vida dos participantes.

Quando falamos em processos de Coaching em grupo, é necessário estar atento a atender as necessidades de todos os participantes, e para isso é fundamental que consigamos alinhar todo o grupo num mesmo estado de espírito. No Coaching em equipe, isso também é essencial, precisando estabelecer também um mesmo estado de presença e foco, trabalho que pode ser realizado através de algumas sugestões num estado de transe.

É possível também usar a criatividade para aplicar na Hipnose coletiva alguns benefícios práticos dos processos individuais de Coaching, apenas mudando a forma de se trabalhar as sugestões e a condução do processo hipnótico.

Enfim, ao escolhermos trabalhar como *coaches*, é importante que tenhamos a consciência de que os nossos clientes confiam a nós não apenas o seu tempo e o seu dinheiro. Eles também confiam a nós a esperança de desenrolar emaranhados internos que muitas vezes se apresentam através de resultados indesejáveis em uma ou outra área de suas vidas. E, para que tenhamos êxito nessa tarefa, muitas vezes desafiadora, é fundamental que lancemos mão de todos os recursos saudáveis que a ciência nos apresenta, e a Hipnose, quando bem utilizada, é uma ferramenta essencial para alcançarmos o sucesso neste objetivo.

Como usar a Hipnose no processo de Coaching coletivo

Como relacionado acima, as possibilidades são muitas para se usar a Hipnose no Coaching coletivo. Mas meu objetivo neste capítulo é trazer ideias práticas de trabalhos hipnóticos para que você possa desenvolver em seus treinamentos, cursos ou *workshops*.

Para isso, é importante você ter claro que os desafios num trabalho de Coaching em grupo não necessariamente serão os mesmos de um trabalho de Coaching em equipe.

No Coaching em equipe é comum que os participantes comecem os trabalhos já se conhecendo uns aos outros. Muitas vezes já existe um *rapport* ou mesmo resistências entre algumas pessoas do grupo. Outras vezes, o grupo pode ter uma energia estabelecida fortemente e muito distante da sua energia pessoal e esses podem ser obstáculos que você precise transpor.

É importante que você seja capaz de se alinhar com a energia do grupo e desenvolver um nível de comunicação acessível a todos. E quando falo em comunicação eu me refiro a todos os trabalhos que você possa desenvolver, sejam vivenciais, práticos ou expositivos.

Para esse trabalho de alinhamento, seria legal você buscar algum vídeo motivacional associado aos objetivos da equipe que você vai trabalhar, ou simplesmente convidar os participantes a fecharem os olhos e seguirem numa indução que leve cada um para dentro de si, na busca daquilo que traz motivação para eles estarem ali. Você pode conduzi-los para um local especial que pode ser uma montanha, uma praia, uma casa, ou qualquer outro local que seja especial para o participante. Um paraíso pessoal. E nesse local ajudá-lo a visualizar um presente, um tesouro ou uma mensagem, que possa acompanhá-lo em todos os trabalhos que serão desenvolvidos.

Perceba que o uso da Hipnose está associado a sua criatividade, lembrando que ela intensifica as vivências, sensações e sentimentos e por isso pode ser extremamente eficaz.

Já num trabalho de Coaching em grupo, em que as pessoas normalmente ainda não se conhecem e têm objetivos individuais, embora através de um trabalho desenvolvido numa metodologia única você se depara com outros tipos de desafios.

Neste caso, ao iniciar os trabalhos, você não é a única pessoa deslocada no grupo. Afinal, os participantes também não se conhecem. Aqui pode ser mais fácil você estabelecer *rapport* e a sua energia pessoal para a condução dos trabalhos. Contudo, às vezes você também precisará se adaptar, dependendo dos objetivos do trabalho.

Neste caso você pode explorar mais o desenvolvimento de atividades e exercícios vivenciais voltados ao autoconhecimento e ao autodesenvolvimento, explorando ao máximo os sentidos visuais, sinestésicos e auditivos dos participantes.

O céu é o limite para a sua criatividade. Você pode usar exercícios de linha do tempo, de empoderamento, meditação, centramento ou repetições de ideias positivas aos participantes. Você pode explorar o universo de trabalhos, conduzindo exercícios individuais, em duplas, em trios ou em grupos. Você pode explorar momentos especiais como o leito de morte da própria pessoa através da análise do que ela deixou de fazer em vida e quem são as pessoas que são importantes para ela nesse momento. Enfim, use e abuse da sua imaginação.

Se você está trabalhando com o grupo há algumas horas e usou recursos como vídeos, músicas e mudanças de iluminação ao longo do seu curso, talvez as pessoas já se encontrem naturalmente num estado de transe ou pré-transe, o que significa dizer que talvez você nem precise de indução para levar as pessoas a vivenciarem os trabalhos que você deseja conduzir em nível hipnótico.

Contudo, se você quiser se certificar de que 100% das pessoas estão no estado que você deseja conduzir, pode se utilizar de induções diretas ou Ericksonianas, que têm o objetivo de causar uma sobrecarga na mente dos participantes, de forma que eles deixem o fator crítico da mente consciente de lado e entrem diretamente no trabalho. Se você tiver interesse em aprender algumas induções simples e práticas, eu disponibilizei para você no meu canal do YouTube Nelson Cenci Treinamentos ou no site www.nelsoncenci.com.br.

O que fazer

Aqui eu vou trazer dois exemplos concretos de como usar a Hipnose em processos coletivos de Coaching. Um no processo de Coaching em equipe e outro no processo de Coaching em grupo.

Num trabalho específico para uma equipe com oito pessoas, em meu escritório de advocacia, cujo objetivo principal era ajudar a equipe a se identificar com o que dava sentido à atividade deles, eu fiz uma indução levando a equipe a se imaginar entrando numa grande piscina. Nesse momento é importante você se lembrar que a mente é literal. Então, se a indução é para as pessoas entrarem numa piscina, no mar, num lago ou no rio, é importante que você frise que se trata de um local especial onde eles podem respirar dentro da água.

Na medida em que eu aprofundava o transe através da indução, eu trazia mensagens empoderadoras e já preparava a expectativa para algo extraordinário que viria a acontecer. Na contagem de 10 a 1, ao chegar no 1, cada participante se depararia com um baú do tesouro no fundo da piscina, e neste baú, além dos tesouros pessoais existentes no interior de cada um, haveria uma mensagem especial, que trazia o real motivo que fez cada um escolher servir as pessoas através da advocacia.

Ao emergir o grupo eu percebi que todos os participantes trouxeram conteúdos lincados à missão, aos valores e visão do nosso escritório. E todos se sentiam mais motivados para exercer suas atividades, que passaram a fazer sentido para eles. O interessante é que até momentos antes essas pessoas executavam suas atividades apenas como tarefas rotineiras do dia a dia. Depois da Hipnose, alguns advogados da equipe ficaram tão integrados ao que os motivava que mudaram a forma de atender os clientes e conduzir suas atividades diárias.

É claro que esse novo comportamento precisou ser acompanhado pelos líderes da equipe. Se toda condução da empresa não estivesse em acordo com aquele novo padrão de conduta, haveria um desestímulo natural que poderia até culminar na saída daqueles que se sentiram mais motivados e integrados com suas missões.

Outro exemplo prático, agora no Coaching em grupo, tem o objetivo de trazer a reflexão de como a vida de cada um deles vai estar em dez anos, se eles mantiverem o comportamento atual. Depois, eu os levo a imaginar como seria o cenário dos sonhos em dez anos, e a voltarem na linha do tempo fazendo o que é preciso e acumulando recursos internos para alcançar o cenário desejado.

Para isso, eu apenas sugiro que eles se sentem numa posição adequada, com as costas na cadeira e os pés bem apoiados no chão. Então, fecharem os olhos respirando pelo nariz e deixando o ar sair naturalmente pela boca, sem forçar. Eu coloco uma música que remete à autorreflexão e começo as sugestões de imaginarem como está a vida deles hoje, depois em um ano, cinco anos e dez anos, a partir da sua conduta atual.

Depois, eu faço sugestões para que eles se imaginem no cenário dos sonhos em dez anos, explorando também as sensações, audições, visões e sentimentos, e volto com eles em cinco anos, um ano, até o dia de hoje, acumulando recursos internos e conhecimentos do que fazer para chegar ao estado desejado.

Eu finalizo convidando os participantes a desenharem como é a vida dos sonhos em dez anos, para trazerem uma imagem mais real e firme para suas mentes.

Esse exercício costuma ter um efeito legal no sentido de trazer percepção do tempo que as pessoas perdem fazendo o que não é importante, além do entendimento de que para alcançar algum sonho é necessário trabalhar para que ele aconteça. Mas note que o efeito da Hipnose faz com que esse aprendizado não seja apenas cognitivo, mas também sensorial. A pessoa sente no corpo dela os efeitos do aprendizado.

Dicas extras

Para desenvolver um trabalho de Coaching coletivo, seja um Coaching em equipe ou um Coaching em grupo, é preciso que você tenha claro em sua mente qual é o seu objetivo para o grupo, e escreva um passo a passo no papel.

A Hipnose é apenas um item do seu trabalho, que deve focar essencialmente em desenvolver dinâmicas de grupo com muita troca de experiências e exercícios práticos, trabalhando também o conteúdo técnico, mas num segundo plano.

Lembre-se que o foco de todo aprendizado deve estar no participante do grupo e não no seu conhecimento enquanto facilitador. São os participantes que importam no processo de Coaching em grupo. Então estimule e explore ao máximo a atuação prática das pessoas e as trocas de experiências.

As dinâmicas que envolvem a Hipnose devem ser exploradas também dentro dos contextos das pessoas. Seja dentro do objetivo coletivo, no caso das dinâmicas em equipe, seja através de possíveis objetivos individuais no Coaching em grupo.

No Coaching em equipe, desenvolva processos hipnóticos se utilizando dos valores e objetivos daquela equipe, daquela empresa ou daquele projeto a ser trabalhado.

No Coaching em grupo, explore os objetivos a serem desenvolvidos naquele trabalho, mas sempre usando a realidade das pessoas, como sentimentos, sensações, emoções, vibrações, visões e audições voltadas ao seu objetivo enquanto condutor, pensando no que você deseja proporcionar àquele grupo de pessoas.

11

Transe generativo no Coaching em grupo

Wagner da Silva Soares

Wagner da Silva Soares

Professional Life and Business Coaching, PNL (Programação Neurolinguística) Sistêmica e Hipnose Avançada pela Iluminatta Escola de Transformação.

Transe generativo no Coaching em grupo

Em meus atendimentos de Coaching utilizo em alguns momentos as técnicas de transe generativo (técnicas hipnóticas desenvolvidas por Stephen Guiligan), para que do inconsciente do *coachee* despertem os recursos necessários para a obtenção dos resultados desejados e, ao mesmo tempo, para que mudanças generativas duradouras aconteçam como benefícios adicionais ao processo.

Transe (hipnose) é um estado expandido da mente. No estado de vigília (normal, acordado) atuamos principalmente em áreas do consciente, ou seja, na percepção do que está ou faz parte de mim. No transe esses limites são expandidos, como se cantos escuros fossem iluminados, ampliando o campo de visão, as percepções de mim, dos meus recursos e forças internas. No transe generativo essa expansão vem acompanhada de mudanças generativas duradouras e desejadas pelo *coachee*.

Mudanças generativas são aquelas que alteram o estado interno do *coachee* de tal forma que ele passa a adotar novas posturas perante as situações e um mundo que continuam absolutamente os mesmos. Algo externo àquela personalidade é adicionado como novo recurso, causando uma transformação, modificando diretamente níveis neurológicos e gerando novos resultados.

No Coaching com transe generativo, essas mudanças generativas são recursos permanentes que ficarão ancorados no *coachee* e possibilitarão que os próximos passos e os novos desafios, em diversas áreas de sua vida, sejam mais fáceis de superar a partir desse novo estado interno energizado.

As premissas básicas da técnica baseiam-se em: profunda conexão entre *coach* e *coachee*; um campo cuidadosamente preparado com induções hipnóticas, utilizando linguagens acolhedoras, amorosas e com pressuposições do atingimento das metas e objetivos da sessão e comunicação entre os corações do *coach* e do *coachee*.

Recentemente, apliquei um processo de Coaching em grupo em que um caso, em especial, merece ser compartilhado. Uma das participantes, a que darei o nome de Melissa, iria defender sua tese de mestrado na semana seguinte ao processo e algo interno a estava impedindo de acessar todo o conteúdo que ela havia estudado ao longo de dois anos. Era perceptível que ela dominava o assunto e que havia, verdadeiramente, se esforçado durante toda a caminhada.

Ela chegou na semana da apresentação e, por algum motivo, havia travado. O estado interno dela estava completamente fora de sintonia com a grandeza que a presença dela exalava. A sua essência estava à espera da liberdade para poder colocar em prática o que havia se dedicado tanto para realizar. Fizemos alguns trabalhos no sábado, utilizando técnicas tradicionais de Coaching, contando com: perguntas poderosas, rodas, identificação de valores e associação à meta. Em paralelo, trabalhos de induções em grupo e, no domingo, finalizamos com o transe generativo.

No momento da aplicação já houve uma grande transformação e, na semana seguinte, ela defendeu sua tese e foi aprovada.

Dicas de Como Usar o Coaching com Transe Generativo

Preparação do campo

Em primeiro lugar é preciso criar um campo relacional de muito amor e respeito, evitando a posição de quem sabe mais ou de quem detém as respostas ou o poder da situação. Ao contrário disso, se colocar na posição de humildade e gratidão por estar diante de uma alma tão grandiosa, que é quem detém as respostas e as chaves necessárias para abrir as portas que se encontram trancadas.

Nos grupos começo a criar o campo a partir de palestras TED encantadoras e reflexivas com duração média de 15 minutos (www.ted.com/talks), como lembretes de nossa humanidade, limitações, potencialidades, beleza, grandiosidade e novas percepções do mundo. Percebi que as palestras criam um ambiente mais propício, baixando a resistência da mente racional e aguçando o desejo de saber o que acontecerá no processo. Além disso, há algumas palestras específicas que causam reflexão na linha do tempo dos *coachees*: "E se hoje acontecesse algo inesperado?", "e se as pessoas queridas se fossem"?, "e se tudo mudasse?".

> **Como sugestão de palestras: Gill Hicks - Sobrevivi a um ataque terrorista. Aqui está o que aprendi; Dan Pallotta - O sonho que ainda não ousamos sonhar; Kathryn Schulz - Sobre estar errado; Julia Galef - Por que você acha que está certo, mesmo quando está errado?; e Leila Hoteit - Três lições de sucesso de uma mulher de negócios árabe.**

Depois de baixar as resistências da mente lógica, é hora de algumas induções muito prazerosas que levam os *coachees* a um estado interno de profundo relaxamento, trazendo sensações no corpo bem agradáveis. É um momento bem introspectivo, utilizando elementos da Hipnose Ericksoniana e deixando que o próprio campo traga os elementos da indução. A estrutura que sigo é basicamente a mesma, mas a intuição é muito importante na escolha certa das palavras. É importante criar expectativas e pressuposições de que ao final do processo os *coachees* sairão de lá com tudo o que vieram buscar e muito mais.

Indução Hipnótica para a Preparação do Campo

Para fins de ilustração, escrevi essa indução para auxiliar em um primeiro momento, mas lembre-se que cada grupo tem sua própria característica e é importante senti-la quando for desenvolver sua própria indução.

"Gosto muito dessas palestras que acabamos de assistir porque me faz recordar da imprevisibilidade da vida e, ao mesmo tempo, de que todos nós temos os recursos internos de que precisamos para solucionar qualquer questão em nossas vidas, basta abrir a porta correta. Às vezes, na correria do dia a dia, nos esquecemos de nossa humanidade, ou nos vemos sufocados por problemas, e participar de um processo como esse, certamente, nos leva a um melhor estado de recursos internos, com novas chaves que abrirão muitas portas que se encontravam fechadas. O campo foi cuidadosamente preparado e todos nós estamos em um ambiente de muito amor, respeito e sigilo. Temos, aqui, um pacto de confidencialidade e nada sairá daqui para fora. E, enquanto você ouve minha voz, observa sua respiração ficar cada vez mais profunda e prazerosa, os sons externos vão ficando cada vez mais distantes e você pode sentir no seu corpo sensações bem agradáveis de profundo relaxamento e paz interior. Isso, muito bem. Vocês estão indo muito bem. É agradável relaxar, dedicar um tempo para nós mesmos e encontrar todas as respostas das quais precisamos. Vou contar de 10 até 1 e, a cada número que eu falar, você pode se aprofundar nesse relaxamento, como se estivesse descendo uma escada, rumo a um lugar muito agradável, o lugar mais agradável para você, e eu não sei ao certo quem ou o que vocês encontrarão lá embaixo, mas eu sei que será uma experiência muito prazerosa e que vocês encontrarão algo que os auxiliarão durante todo esse processo. Quem sabe uma primeira chave ou, quem sabe, uma chave-mestra daquelas que abrem qualquer porta ou, ainda, uma joia rara ou uma pessoa muito querida. Eu não sei, mas algo me diz que vocês sabem. A cada número de 10

a 1 você relaxará cada vez mais e descerá um pouco mais, 10, cada vez mais profundo, 9, descendo e relaxando, 8, 7, se entregando às sensações agradáveis e ao relaxamento, 6, 5, cada vez mais profundo, 4, mais profundo e relaxado, 3, se preparando para chegar lá embaixo, 2, mais profundo, 1. Isso, muito bem! E minha voz pode estar bem profunda agora ou se transformar na voz de uma pessoa querida, em uma música ou simplesmente desaparecer. Eu não sei o que mais se adequa neste momento, mas eu sei que, de alguma forma, você sabe. E enquanto você explora esse lugar, aproveitando todas as sensações agradáveis, vou deixá-los aí por um minuto do tempo do relógio e, ao final desse minuto, você poderá pegar algo que o auxiliará em todo esse processo e no restante de sua jornada. É algo que já te pertencia, mas você havia esquecido o lugar aonde o havia guardado. A partir de agora, vocês têm um minuto, que para sua mente inconsciente poderá parecer dias, meses ou anos, como aqueles dias que demoram para passar, olhamos várias vezes para o relógio e o ponteiro parece não se mover. Esse um minuto pode parecer anos para você e lhe trazer uma grande alegria e confiança para seguir adiante nesse processo e na vida... (após o tempo)... você pode ir se preparando para voltar, trazendo junto com você tudo o que você encontrou e todos os recursos internos de que você precisa para encontrar o que você veio buscar nesse processo e na vida. Vou contar de 1 até 10 e, a cada número que eu falar, você pode ir voltando para esta sala, sentindo novamente o ambiente, mais alegre e confiante em si e no processo e com o novo estado interno que você descobriu aí embaixo. 1, voltando. 2, subindo, 3, 4, 5, voltando mais alegre e confiante, 6, voltando, 7, 8, voltando, 9, se preparando para despertar, 10. E vocês podem abrir os olhos e se preparem para dar continuidade ao processo."

Uso do Transe Generativo

Para iniciar a aplicação da técnica desenvolvi algumas pressuposições que o auxiliarão durante o processo de Coaching com transe generativo:

- O *coach* é um espelho que reflete o inconsciente do *coachee*:

  "no exato momento que o coachee *estiver na sua frente, trazendo o assunto que ele deseja trabalhar na sessão, em grupo ou individualmente, você entra em estado de transe e se torna o seu* coachee *em um nível profundo de conexão, um espelho, uma metáfora viva do inconsciente dele. Seus pensamentos, emoções e reações instintivas não são suas, você não faz absolutamente nada. Como sugestão você pode se ver com a imagem do seu cliente, se transforme nele se isso ajudar a acalmar sua mente racional".*

- A mente racional do *coach* é mera observadora do processo, permanecendo em um estado de maravilhamento e curiosidade com a grandiosidade do *coachee*.

- O *coach* fará perguntas pontuais e poderosas com naturalidade que surgirão de habilidades e capacidades já incorporadas ao seu inconsciente.

- O coração do *coach* dialoga com o coração do *coachee*:

  "ajude seu coachee *a acessar seu coração, faça isso com* rapport *e a partir da sua própria humanidade".*

- Após a aplicação, o processo continua acontecendo em nível inconsciente, modificando e transformando o necessário e o desejado pelo *coachee*.

- o resultado será sempre surpreendente, de forma positiva, mesmo que a mente racional do *coach* e do *coachee* não consigam entender como as coisas aconteceram.

É chegado o momento de aplicar a técnica:

Antes da sessão faça um acordo com seu *coachee* sobre o tempo máximo de duração da mesma. Dependendo do caso, alguns minutos são suficientes, em outros, algumas horas e, mesmo assim, lembre seu *coachee* de que o tempo é irrelevante para a mente inconsciente dele, que continuará agindo por horas, dias e meses após a aplicação da técnica.

Peça a seu *coachee* que repita e complete a frase: *"Meu desejo mais profundo é......."*, essa será a meta ou objetivo a ser trabalhado na sessão, no máximo, com cinco palavras. Faça-o repetir algumas vezes, de forma lenta, com as mãos no coração. Ao ouvir a frase, inspire cada palavra que seu *coachee* lhe traz e leve-as ao centro do seu coração. Saboreie como se estivesse em um banquete.

Em *rapport*, sustente o campo com o máximo da sua presença. Lembre-se que você é a metáfora do inconsciente do *coachee*, os recursos inconscientes que estão emergindo à tona do consciente. Nesse estado, só há a confiança atuando.

Ao expirar, entregue verbalmente e carinhosamente as intuições e percepções do seu coração. Podem vir metáforas, imagens, trechos de músicas ou poemas, frases curtas ou alguma pergunta poderosa. Não tenha pressa, deixe também o silêncio fazer o trabalho amoroso dele. Um observador de fora poderá notar que vocês estão em total sintonia, como se estivessem dançando.

Você notará que as perguntas serão mais na linha *"e o que você precisa para modificar isso?"*, *"quem você gostaria de trazer para o ajudar nessa questão?"*, *"como você se sente ao solucionar isso?"*, *"o que de positivo tem aí?"*.

Navegue no mapa de mundo do seu *coachee* e confie nele. Se você estiver aplicando o processo de Coaching em grupo, incentive que os presentes se manifestem. Use e abuse dos recursos do campo: se o cliente estiver em uma história que envolve figuras maternas ou paternas, chame alguém para representar o papel e peça para essa pessoa segurar as mãos ou o ombro de seu *coachee*, cantar canções de ninar e veja o que acontece.

Se o cliente estiver com alguma dor, explore-a, pergunte de onde surgiu e o que ela tem a dizer. Se necessário, amplie um pouco a intensidade dela e o que ela representa dentro do contexto que está sendo trabalhado. Qual a intenção positiva por detrás dela?

Entregue os recursos inconscientes do campo ao consciente de seu *coachee* através de sua presença e intuições. Neste momento em que você é a personificação desses recursos inconscientes, uma metáfora viva para ajudar que seu *coachee* receba o que necessita. Você saberá que funcionou pelo próprio estado energético dele.

Ao final, muito acolhimento. Não queira explicar o que aconteceu, até porque o processo continua. Deixe seu *coachee* à vontade e não o force a falar. Se ele quiser compartilhar algo, esteja presente, receba de coração aberto. Confie no campo. Confie na mente inconsciente.

Hipnose e Coaching
na liderança e nas organizações

Marcelo Ferreira da Silva

Marcelo Ferreira da Silva

Pai de dois filhos maravilhosos, é um sonhador e buscador constante do autoconhecimento e do despertar do propósito das pessoas e empresas para, juntos, contribuírem com a evolução do mundo mediante o amor e a educação.

Empresário e empreendedor, educador, consultor, treinador e escritor. Mentor transformacional, Master Practitioner em **PNL** Sistêmica, *coach*, Constelador e Reikiano. Especialista em **Eneagrama**. Bacharel em Ciências da Computação, MBA em Gestão Empresarial e certificado em Gestão de Projetos, possui dez anos de experiência em recursos humanos e mais de 25 anos de experiência profissional nacional e internacional.

Hipnose e Coaching na liderança e nas organizações

De acordo com a ICF (International Coaching Federation), Coaching é uma parceria com o cliente num processo criativo e instigante que o inspira a maximizar o seu potencial pessoal e/ou profissional.

Sendo assim, toda e qualquer técnica e ferramenta que deixa o processo ainda mais criativo e instigante e que ajuda o cliente a maximizar o seu potencial é encorajada a ser utilizada, desde que alinhada nos acordos de Coaching que são feitos com o cliente logo na primeira sessão.

Dito isto, a Hipnose Ericksoniana, além de outros recursos como Eneagrama e PNL, é uma das ferramentas com potencial para deixar o processo mais criativo e instigante e sem dúvida nenhuma maximizar o potencial desejado pelo cliente.

A Hipnose, ou simplesmente estados alterados de consciência, permite ao *coach* (profissional) trabalhar o *coachee* (cliente) em diferentes níveis, como se levasse o *coachee* para profundidades diferentes para cada situação. Existem situações, por exemplo, criar um plano de ação em que talvez o *coachee* possa ficar em um estado mais racional (não é uma regra), assim como pode existir uma situação na qual o racional do *coachee* possa atrapalhar o processo e o *coach* queira levá-lo a um estado de maior relaxamento para acessar ainda mais as suas emoções e sentimentos.

Como Usar a Hipnose no Coaching nas Organizações?

As organizações estão despertando e cada vez mais buscando ferramentas que trabalham a transformação de seus líderes no nível de identidade, crenças e valores. Estão implementando estratégias e modelos de liderança já alinhados a essas necessidades assim como modelos que nos ajudam a nos reconectar com a nossa essência.

Dentro desse cenário, o Coaching deixou de ser simplesmente um processo de desenvolvimento individual e tem sido implementado cada vez mais como parte da cultura da organização, muito mais como uma postura a ser seguida.

E como utilizar Hipnose dentro dessa cultura Coaching?

A Hipnose Ericksoniana, dentre as infinitas possibilidades, pode ser utilizada para trazer a atenção de uma pessoa ou um grupo para o aqui e o agora, para o estado presente ou para o estado desejado, para então se trabalhar a questão apresentada. É como se fosse um sintonizador que possibilita levar o cliente à exata frequência necessária para se trabalhar algum assunto, obtendo sua máxima atenção consciente e inconsciente para a questão.

Para isso, sugerimos utilizar a seguinte estrutura:

1) Acompanhe e sintonize-se profundamente ao conteúdo e à experiência trazidos pelo cliente (*rapport* profundo) e conduza-o, através da linguagem hipnótica, a um estado altamente focado (estado de transe hipnótico);

2) "Distraia" a mente consciente dele, para que apareçam os conteúdos inconscientes;

3) Acesse os recursos inconscientes da pessoa, que ela não estava conseguindo acessar; leve-a, através da linguagem hipnótica e das ressignificações, do estado de transe negativo (a pessoa se vê sem saída e em estado emocional ruim) para um estado de transe positivo (a pessoa começa a enxergar muitas possibilidades e recupera a esperança).

Certamente, um líder que possui as ferramentas linguísticas e estruturais da Hipnose Ericksoniana conduz de forma muito mais influente e inspiradora seus liderados, sendo muito mais capaz de levá-los a estados emocionais e criativos bastante positivos em sua comunicação. A linguagem hipnótica tem muita força na liderança. Basta ouvir os discursos de Martin Luther King ("I have a dream") e do ex-presidente dos EUA Barack Obama. São exemplos muito fortes de uso da linguagem e das técnicas da Hipnose Ericksoniana.

Exemplo Real de Uso

Para ilustrar a utilização da Hipnose nas organizações, seguem alguns exemplos de aplicabilidade:

1) Reuniões: você pode utilizar a Hipnose Ericksoniana para entrar em um estado de conexão e *rapport* bastante profundos com o seu cliente, liderado ou grupos. As técnicas e perguntas investigativas de Coaching, por outro lado, podem ser utilizadas por você durante todo o tempo para investigar a verdadeira causa-raiz dos problemas/sintomas apresentados, assim como para mapear o resultado desejado.

2) Coaching e *feedback*: normalmente esses processos acontecem dentro do espaço físico da empresa e até mesmo na sala do profissional. Sendo assim, você pode utilizar a Hipnose para trazer o seu cliente para o aqui e o agora, assim como fazê-lo desconectar-se da energia da empresa e se preparar para dar início à sessão. Você também pode usar as técnicas de auto-hipnose para si mesmo, para que você esteja no melhor estado interno possível, para tirar o melhor daquela conversa.

3) *Teambuilding* (equipes): neste caso você pode utilizar a linguagem da Hipnose Ericksoniana o tempo todo desde a abertura, condução do projeto, de *briefing*, fechamento etc. Seja para mudar o grupo de um estado emocional ruim para um estado emocional positivo, seja para trazer a atenção plena ao assunto, ajudar no processo de internalização da aprendizagem e mudanças pessoais. Tudo isso sem mesmo as pessoas perceberem que você está utilizando uma técnica.

Vale ressaltar que muitas vezes utilizamos as técnicas sem mesmo mencionar o nome delas. Não preciso informar que vou fazer uma indução hipnótica para alterar o estado desejado ou que vou utilizar a postura de *coach* para questionar ao invés de dar as respostas, basta simplesmente utilizar a técnica como se ela fizesse parte de você. Com o tempo e com a prática, essas técnicas começam a fazer parte do seu dia a dia até o momento em que você passa a ser isso e nem percebe que está utilizando as técnicas. Do ponto de vista da Hipnose Ericksoniana, o transe conversacional é uma técnica extremamente útil nas empresas, pois as pessoas entram em estado de transe hipnótico leve enquanto você tem uma conversa normal com elas, com os olhos abertos e em qualquer contexto. Isso é extremamente útil para trazer a atenção profunda consciente e inconsciente das pessoas para o assunto e a aprendizagem em questão, desligando no cérebro delas tudo aquilo que não seja o mais importante neste momento do tempo.

Exercício prático

Muitas vezes as pessoas nas organizações perdem o contato com sua missão, visão e valores pessoais e também com os da organização. Não é possível tomar boas decisões em uma organização se você não está alinhado com estes elementos. Não é possível saber se está fazendo a coisa certa, se está usando o tempo da maneira correta, escolhendo um produto ou estratégia corretos etc.

Da mesma forma, quando um colaborador está desconectado

de sua missão, visão e valores pessoais, trabalha mecanicamente, sem motivação interna, e sem saber se está indo na direção que sua alma deseja ir.

O exercício de indução hipnótica a seguir permite que você trabalhe com um cliente/colaborador um assunto em que ele se sente travado, sem resolução, garantindo ao mesmo tempo o seu alinhamento com missão, visão e valores. Tudo isso acessando recursos da mente inconsciente, muito mais rápida, eficiente e poderosa que a mente consciente.

O trabalho se inicia com a condução de um relaxamento, no qual ele e você fazem algumas respirações profundas e longas, e trazem a sua atenção para o momento presente, em especial para as sensações físicas do corpo. Sentem os pés no chão, os braços, pernas e movimentos da respiração.

Após vocês dois já estarem em um estado de conexão profunda, respirando na mesma frequência, você pode sugerir, usando a linguagem hipnótica, que a pessoa se conecte com a sua missão, visão e propósito de vida. Faça-a sentir tudo isso no corpo inteiro. Com esse grau de conexão, é muito fácil o cliente olhar para a situação que era um problema há poucos minutos e ela se resolver por si só. Normalmente o problema antes apresentado fica "pequeno" perto do seu propósito de vida. Isso amplia a consciência do cliente e, muitas vezes, só isso já basta para a questão se transformar e novas soluções aparecerem.

Para dar continuidade a partir deste ponto, aproveito para sugerir a seguinte indução hipnótica (lembre-se de fazer cada pergunta de forma espaçada, dando tempo para o cliente processar, mesmo em silêncio):

"... e agora que você já está conectado com o seu corpo, com a sua mente e com a sua alma, o convido a dar um passo importante.

Daqui para frente, cada vez que der um passo, você estará mais próximo do seu melhor, da sua essência. Caminhe vagarosamente até você se sentir conectado com o seu propósito de vida. Passo a passo, em direção ao seu melhor como ser humano. Quando chegar ao local, pare, respire e observe. Observe ao seu redor o local onde se encontra. Existe alguém por perto? Como você está vestido? O que você está fazendo? Isso, na medida em que observa, você se conecta ainda mais com algo maravilhoso dentro de você e se permite prosseguir. Nesse momento, quais são suas habilidades e capacidades? Quais são suas competências como líder? Quais são seus valores e crenças? Em que você acredita? Quem é você nesse momento? Como isso é percebido pelo seu corpo? Conecte-se com a sua essência neste momento. Agora, perceba o que você entrega para os outros. Qual o seu impacto com as outras pessoas? Isso, conecte-se com tudo isso, amplie ainda mais essa energia maravilhosa dentro do seu corpo.

Agora, vou contar até 5 e, ao chegar, você estará em conexão profunda com a sua essência, com o amor profundo, com a sua energia vital, a vida. 1, 2, 3, ... você está pronto para iniciar o trabalho de forma segura e aberto a infinitas possibilidades, conectado profundamente ao seu propósito, missão, visão e valores. Pronto para começar no 4, 5, 5, 5, ..."

Depois que a pessoa "retorna" e abre os olhos, dê a ela um tempo para realmente voltar a si. As aprendizagens ainda continuam rodando.

Com muita gentileza, pergunte:

— *Você está bem? Como foi o processo? O que veio de importante?*

E deixe a pessoa falar, mesmo que ela leve alguns momentos para conectar as ideias e as mesmas fazerem sentido.

Em seguida pergunte:

— *Como está a questão agora? O que você conseguiu perceber de diferente? Que outras saídas surgiram? Como a missão e a visão se entrelaçam com isso?*

A partir daí você conduz a conversa usando as técnicas de *líder coach*, com perguntas investigativas e instigantes, levando-a a encontrar soluções, caminhos e aprendizagens. Ao final, leve-a a estabelecer ações e compromissos de passos específicos que serão dados.

Esse foi um exemplo de uma combinação de duas técnicas de linguagem muito poderosas e aparentemente opostas, usadas em momentos diferentes e com objetivos distintos na conversa. Ainda assim, extremamente úteis quando combinadas no momento certo. A linguagem hipnótica leva a pessoa ao estado de transe, ao mundo do inconsciente, e soluções fora da caixa aparecem quase como mágica. A linguagem específica do Coaching a traz para o mundo concreto, prático, e transforma estas soluções em passos específicos de ação ao final.

O que Fazer? Sugestões e Orientações

Agora, vejamos algumas situações que podem ocorrer no exercício prático mencionado anteriormente:

- A pessoa não fechar os olhos
- A pessoa não se conectar consigo mesma
- Existir um barulho externo ou interrupção

O que você pode fazer?

Se as questões acima, ou quaisquer outras, acontecerem, você deve primeiramente manter-se calmo e centrado. Lembre-se de que nós somos responsáveis por criar o ambiente e trabalhar o contexto e ainda assim algumas pessoas podem escolher fazer diferente.

Utilize ainda mais a linguagem hipnótica, por exemplo, *"e se você ainda não fechou os olhos, talvez você queira agora, ou daqui a alguns segundos, relaxar e se conectar internamente com uma parte sua que você ainda não conhecia e lentamente permitir fazer os exercícios de olhos fechados"*. A mesma coisa com o barulho externo, *"e todo e qualquer barulho além da minha voz o ajuda a relaxar ou a se conectar ainda mais consigo mesmo".*

O momento posterior ao transe é muito importante e é quando mais utilizamos as técnicas de Coaching, pois poderemos auxiliar todos a se perceberem e aprenderem uns com os outros.

E, se surgir uma pergunta que você não saiba responder, não se preocupe, seja honesto e transparente, isso também faz parte das competências de um *coach*.

Dicas Extras

Agora que você conheceu um pouco mais sobre como utilizar o Coaching com Hipnose nas organizações, seguem algumas sugestões para continuar o seu processo de desenvolvimento:

Livros: *O Anjo e o Líder*, de Nicolai Cursino; *O Coach e o Executivo*, de João Cortez, ambos com selo da Editora Leader; *Liderança de alto nível*, de Ken Blanchard, editora Bookman.

Cursos da Iluminatta Escola de Transformação (www.iluminatta.net): Formação em Coaching; Curso de Hipnose Ericksoniana; Leadership Experience; Programação Neurolinguística Sistêmica (PNL Sistêmica).

13

Coach xamânico com Hipnose — Animais de Poder

Everton Mello Soto

Everton Mello Soto

Idealizador e diretor do Projeto Entre Irmãos - Espaço Médico de Amor e Cura, engenheiro (FEI) com MBA Internacional pela FGV/ University of California, com mais de dez anos de experiência executiva em empresas de diferentes portes e segmentos.

Master Practitioner em PNL Sistêmica, Shamanera, reikiano, hipnoterapeuta clássico e ericksoniano, mentor de Desenvolvimento Humano com Eneagrama, cromoterapeuta, terapeuta Xamânico, vegano, treinador de Desenvolvimento Humano com formação em Meditação e Linguagem do Corpo. Desenvolve e conduz vivências individuais e em grupos há mais de cinco anos.

Contatos:

@executivozen

everton.m.soto@gmail.com

Coach xamânico com Hipnose — Animais de Poder

O que é Coach Xamânico?

Primeiramente é importante entender, ainda que de maneira simplificada, o que é o xamanismo. O xamanismo pode ser definido como todas as manifestações de sabedoria dos povos nativos ao redor do mundo. No Brasil associamos o xamanismo aos índios pelo fato de serem os detentores da sabedoria nativa do Brasil, foram os primeiros habitantes de nosso lindo país. Na Austrália, por exemplo, a sabedoria xamânica é atrelada aos aborígenes.

O *coach* xamânico é caracterizado pela utilização de ferramentas do xamanismo no processo de Coaching. Neste capítulo será abordada uma técnica poderosa no acesso de recursos pelo *coachee*, que é o encontro com animais de poder.

O objetivo desta jornada é estabelecer a conexão do *coachee* com seu animal de poder para que possa fazer uso dos recursos trazidos pelo animal em situações práticas.

Qual a importância da Hipnose no Coach Xamânico?

Técnicas profundas no xamanismo são frequentemente

empregadas em estados alterados de consciência, os quais podem ser acessados pelo uso das medicinas sagradas (ayahuasca, sananga, rapé, kambô, tambor, peiote etc.). O tambor é uma medicina de simples e segura utilização, que viabiliza a entrada em transe com relativa facilidade.

A indução hipnótica ericksoniana diminui as resistências mentais do *coachee* e facilita o acesso de recursos internos. Este padrão de linguagem interage diretamente com o inconsciente, que possui mais facilidade de comunicar-se com o consciente através de arquétipos, animais, cores e outros simbolismos. Como este tipo de processo é operado na dimensão dos sonhos ou guiado pela intuição, as sugestões hipnóticas, induções e metáforas irão aprofundar o transe e demandar a busca pelo arquétipo animal.

A beleza e o poder da técnica de encontro com animais de poder está justamente em unir a medicina do tambor, que promove a entrada em transe, com o poder da hipnose ericksoniana, que irá possibilitar o estabelecimento da conexão.

Como utilizar a técnica de encontro com Animais de Poder no processo de Coaching?

Normalmente utilizo a técnica entre o primeiro e o terceiro encontro para que a fonte de recursos representada pelo animal de poder esteja sempre à disposição do *coachee* ao longo do processo. A técnica pode ser encaixada também em momentos decisivos, nos quais o resgate de recursos se faça necessário para suportar a tomada de decisões em um futuro próximo.

Antes da aplicação da técnica, recomendo que o processo seja explicado de forma sucinta e de coração aberto. Enfatize que se trata de uma técnica baseada na sabedoria nativa e que xamanismo não é religião, portanto, convive com quaisquer crenças religiosas.

Conduzi mais de 200 jornadas ao longo do tempo e nunca tive uma recusa de aplicação da técnica. Normalmente a curiosidade e o interesse no tema criam uma abertura significativa para a aplicação.

Como aplicar a técnica de encontro com animais de poder?

As etapas mencionadas devem ser respeitadas, porém, sinta-se livre para testar aspectos complementares à técnica antes, durante ou depois de sua aplicação. A melhor forma de encontrar suas contribuições é no exercício prático da técnica, seguindo intuições que aparecem ao longo da condução da jornada. Dificilmente sua intuição irá se manifestar nas primeiras vezes que aplicar (siga o roteiro), mas à medida que ganhar segurança e experiência se sentirá confiante para criar a **sua jornada** de encontro com animais de poder. Não deixe de compartilhar suas contribuições com o mundo.

Todos os conteúdos necessários para a condução do trabalho estão à disposição no canal executivozen do YouTube. Para facilitar, o atalho EZ **(EZ)** será utilizado para identificar conteúdos disponíveis no canal.

Fase 1 - Preparação

Esta fase pode ser dividida em três partes:

1. Ambiente: será necessário caixa de som, computador e colchonete ou tapete para que o cliente se deite no chão. Incensos também podem ser utilizados para facilitar a conexão do *coachee* à energia do trabalho.

2. Equilíbrio antes do início do trabalho: recomendo sempre iniciar o trabalho com uma meditação rápida (dez minutos) para aumento do estado de presença e alinhamento vibracional dos campos energéticos. Basta colocar uma música de meditação **(EZ)** de sua preferência e ambos meditam na posição que julgarem mais confortável, porém nunca deitados. Ao término da meditação e aproveitando o estado de presença do *coachee* (de olhos fechados), este passo pode ser finalizado com sugestões hipnóticas: "... e chegando neste momento da linha do tempo você de alguma maneira se dá conta que algo muito grandioso será colocado à sua disposição para utilização ao longo de toda sua vida" ou "e estando presente neste local extremamente seguro e acolhedor você percebe que, quanto maior é a sua entrega, mais recursos são colocados à sua inteira disposição e mais fácil se torna realizar o objetivo X (objetivo do cliente mapeado anteriormente)".

3. Textos: a utilização de textos ou metáforas pode ser interessante antes (metáforas com reflexões a respeito de permissividade, entrega ou controle) ou depois do trabalho (metáforas alinhadas à questão central do cliente). Para preparação energética do local, costumo iniciar o trabalho lendo em voz alta a Consagração do Aposento *(EZ)*. Este texto é lido somente após a meditação inicial mencionada no item 2.

Fase 2 - Condução da técnica

Para o estabelecimento da conexão com animais de poder deverá ser conduzida uma jornada xamânica ao mundo profundo. Diversos povos nativos acreditam na existência de um mundo profundo, paralelo ao mundo em que nos encontramos, onde os animais de poder habitam. Crenças cristãs associam o inferno como abaixo, isso não possui nenhuma correlação com a crença no mundo profundo. Para facilitar o entendimento e a abertura, você pode interpretar e explicar ao *coachee* que o mundo profundo pode ser as profundezas de seu inconsciente, onde a conexão com este animal arquetípico será estabelecida.

A condução da técnica será dividida em três fases para facilitar o entendimento e a aplicação: fase 2.1 - Acesso ao mundo profundo; fase 2.2 – Encontro com Animais de Poder; fase 2.3 – Retorno do mundo profundo.

Fase 2.1 - Acesso ao Mundo Profundo

Para promover o estado de transe deverão ser combinados o som de tambor *(EZ)* com as induções hipnóticas. Após a conclusão da fase 1, peça ao *coachee* para se deitar e fechar os olhos. Diminua a luz e inicie o som do tambor nas batidas de jornada xamânica (*EZ*). Ajuste o volume para minimizar ruídos externos e possibilitar o entendimento de seus comandos hipnóticos.

Inicie a indução hipnótica convidando o cliente para um passeio em uma floresta. Deverão ser utilizados comandos que explorem os sistemas representacionais visuais, auditivos e cinestésicos, exemplos:

Visual – "Veja toda a beleza e exuberância ao seu redor. Perceba como cada árvore, animais e pedras possuem um importante papel dentro do ciclo da vida e como a natureza é perfeita ao possibilitar que todas as formas de vida externas e internas consigam coexistir em plena harmonia".

Auditivo – "Preste atenção no canto dos pássaros e perceba as mensagens que são trazidas por estes seus irmãos de jornada. Ainda que sua mente consciente não compreenda a beleza destes cantos, seu coração sabe exatamente a lição que está sendo ensinada neste momento da linha do tempo".

Cinestésico – "Sinta o frescor do vento em seu rosto, abraçando seu corpo por completo e te lembrando da sua natureza fluída e livre, deslizando sobre as belas planícies da vida e carregando a semente da transformação por onde passa, garantindo o florescer e a beleza de cada estação".

As induções hipnóticas somadas ao som do tambor devem durar aproximadamente dez minutos e os comandos podem ser alternados com momentos em que somente a batida do tambor é ouvida. Module a voz durante as induções (*EZ*). Acrescente nas induções comandos de abertura e permissividade, tais como "e neste momento da jornada você se dá conta que já percorreu um longo caminho e sente em sua alma que um grande encontro está prestes a acontecer".

Ao término dos dez minutos, mantenha o som do tambor (*EZ*) e induza o *coachee* para entrar no mundo profundo. Esta entrada pode ser através de uma cachoeira, em um buraco no chão, em uma caverna, dentro de uma árvore... solicite ao *coachee* para que encontre a sua entrada, especialmente preparada para ele.

Fase 2.2 - Encontro com Animais de Poder

Ao entrar no mundo profundo, mantenha somente o áudio do tambor *(EZ)* e suspenda as induções. Para caracterizar a mudança de momento na jornada e facilitar os acessos aos animais, utilize o áudio de Contato com Animais de Poder *(EZ)*.

No término deste áudio, pare também as batidas de tambor e escolha uma música de sua preferência para marcar a fase de retorno do mundo profundo *(EZ)*.

Fase 2.3 - Retorno do Mundo Profundo

Ao alterar a música, conforme item 2.2, inicie induções de retorno do mundo profundo para que o *coachee* volte sua atenção e presença para a sala onde o trabalho está sendo conduzido. Exemplo: "... e esta linda música nos convida para retornar ao tempo presente, neste sagrado ambiente na cidade X (mencione o nome da cidade), carregando consigo todos os acessos, vivências e recursos acessados durante a jornada. Ao abrir os olhos você assegura que a sua nova e melhor versão retorna ao momento presente e manifesta gratidão por tudo o que foi ou não manifestado ao longo desta linda jornada...". Espere o tempo do *coachee* para se restabelecer, se sentar confortavelmente e o convide a compartilhar sua jornada.

Fase 3 - Interpretação dos Relatos

Os animais que se apresentaram de forma mais intensa no relato devem ser interpretados, para que o *coachee* tome consciência dos recursos colocados à sua disposição *(EZ)*.

Contatos intensos ao longo da jornada com determinado animal, com interações e presenças marcantes, podem ser o indício de que este é o animal de poder do *coachee*.

Avalie todos os recursos trazidos por ele e solicite ao *coachee* trazer em sua mente a presença deste animal em todos os momentos em que os recursos trazidos por ele são necessários. Com os pés no chão, estimule o *coachee* a sentir toda a força desta conexão, que vem do centro da Mãe Terra.

Estimule o *coachee* a utilizar esta conexão em situações práticas entre as sessões e observar as mudanças de estado interno e atitudes.

Tenho o hábito de iniciar as sessões seguintes abrindo espaço para o *coachee* compartilhar "fichas que caíram" após a jornada. É comum algum ganho de consciência se manifestar após a jornada e ser importante para o processo de Coaching. Os recursos trazidos pelo animal de poder estão sempre disponíveis e esta conexão deve ser exercitada para que a utilização dos recursos seja cada vez mais natural.

Exemplos de relatos dos resultados práticos

Os resultados práticos vão desde um estado importante de paz interior até o estabelecimento da conexão de forma automática com os recursos trazidos pelo animal. Direcionamentos claros de próximos passos perante decisões importantes também são frequentes. Os compartilhamentos abaixo foram extraídos de relatos de jornadas ou enviados posteriormente.

1. Mai 17 – "... após contatos com meu animal de poder (lobo), que me levou até um local onde parece que meu corpo foi reconstruído, tive contato com meus filhos, que se fizeram presentes em todas as áreas da minha vida e me mostraram com clareza a decisão que preciso tomar..."

2. Abr 18 – "... após esta fusão de vivências e experiências ao longo da jornada, uma grande águia azul se formou e trouxe clareza em relação aos próximos passos e recursos necessários para que meu projeto avance. Está claro o que preciso fazer..."

3. Set 18 – "... entendi recentemente a riqueza e a profundidade da jornada que fizemos em Março 18. Esta semana

cheguei em casa à noite com a saúde debilitada e com um treinamento para dar no dia seguinte pela manhã. Me recordei da conexão com meu animal de poder (cachorro). O invoquei, sonhei muito com ele ao longo da noite e no dia seguinte estava bem e disposto. Ao concluir o treinamento me emocionei ao observar que foi um dos melhores que fiz em minha vida..."

Dicas importantes

Cada um tem seu tempo em relação à conexão com seu animal de poder. Nem sempre os acessos mais profundos ocorrem na primeira ou segunda jornada. Isso não quer dizer que a jornada foi em vão. O estado interno do *coachee* sempre será alterado positivamente.

É importante deixar o *coachee* ciente disso antes da prática e também mencionar que não há certo ou errado nos acessos de jornada, as coisas são como se apresentam e não devem ser interpretadas com a razão antes do término da jornada.

Nas primeiras práticas, é interessante escrever um *check-list* (*EZ*) para trazer mais segurança à condução da técnica.

Lembre-se que, quanto menor a necessidade de interpretação racional, mais profundos e significativos serão os acessos. Um mundo poderoso e mágico está à sua espera. Que o Grande Mistério guie cada um de seus passos.

Ahow!

Hipnose e Coaching no processo de luto (e morte)

Bianca Mello Soto

Bianca Mello Soto

Médica, especialista em Pediatria pela Universidade Federal de São Paulo (Unifesp) e em Terapia Intensiva Pediátrica pela Universidade de São Paulo (USP). Assistente da UTI Pediátrica do Hospital Albert Einstein, com experiência também no acompanhamento de crianças no consultório. Idealizadora e diretora clínica do Projeto Entre Irmãos – Espaço Médico de Amor e Cura. Pós-graduada em "Adequação Nutricional e Homeostase do Corpo". Master Practitioner em PNL Sistêmica, Reikiana, Hipnoterapeuta Ericksoniana. Formação em Eneagrama, Meditação e Cromoterapia. Vegana.

Contatos:

@drabiancamello

biancamello@hotmail.com

Hipnose e Coaching no processo de luto (e morte)

Morte, passagem, cumprimento de missão, encerramento de ciclo, renascimento, transformação, fim da vida...
O luto não acontece somente quando perdemos alguém importante. O luto também acontece quando precisamos deixar para trás (por vontade nossa ou por circunstâncias da vida) uma parte nossa. Tudo isso é considerado luto e dentro de um processo de Coaching podemos nos deparar com essas duas situações: a perda de uma pessoa importante ou uma "parte" do *coachee* (comportamento, identidade, crença, ambiente etc.) que precisa "morrer" para que ele possa seguir em frente e atingir o objetivo em questão. Todas essas formas de luto precisam ser acolhidas e trabalhadas.

Devido à minha experiência como médica intensivista, o capítulo será escrito com foco no luto pela morte de alguém especial, mas lembre-se de que essa ferramenta pode e deve ser utilizada (adaptada) no caso do luto pela perda de uma identidade, a ressignificação de uma crença, uma mudança de carreira, o abandono de um comportamento etc.

A questão específica da Morte ou do Luto pode ou não ser o motivo principal pelo qual alguém procura ajuda profissional. Se ele surge dentro do processo é porque precisa ser acolhido e vivido de forma amorosa. Se ele aparece é porque de alguma forma tem impacto na vida do *coachee* e vale a pena explorar isso, pois pode ser a chave para uma mudança de vida significativa.

Vivenciar o luto, por si só, já é um estado alterado de consciência. Utilizar a Hipnose nesses casos, especialmente a Hipnose Ericksoniana, nos permite vivenciar esse luto junto com o cliente e permite que o cliente vivencie esse luto de forma diferente, transformando e ressignificando os sentimentos que aparecem.

Tristeza, angústia, sensação de perda, culpa e sofrimento são sentimentos comumente associados à perda de alguém e todos eles ativam áreas específicas do cérebro. Usando a Hipnose Ericksoniana é possível acolher esses sentimentos de maneira amorosa (lembrando que o luto precisa ser vivido, então a ideia não é fazer com que esses sentimentos não existam. Muito pelo contrário. Esses sentimentos precisam existir, pois só assim podem ser elaborados) e ativar outras áreas do cérebro, despertar outros sentimentos. Sentimentos esses capazes de transformar a energia gerada em algo transformador e, assim, curador.

Quando lidamos com uma pessoa passando por esse processo de luto/morte duas coisas precisam ser esclarecidas:

1. A tendência das pessoas nessa situação é focar no negativo: a falta do ente querido, a saudade, a culpa por não ter feito ou dito algo, o medo e a insegurança em relação à vida agora sem essa pessoa, a dor pela perda e às vezes até negação e revolta. Todos esses sentimentos, conforme dito anteriormente, ativam áreas específicas do cérebro.

2. O emocional costuma prevalecer, ainda que não verbalizado ou manifestado.

Sendo assim, a ideia nesses casos é atuar justamente nessas questões em conjunto. Acolher, modificar o foco e CONSTRUIR algo com isso, para que toda a questão seja transformada (ressignificada).

Quem perde alguém querido tende a achar que tudo o que foi construído junto com essa pessoa especial se perde ou é esquecido com o tempo. Isso alimenta todos os sentimentos negativos citados anteriormente. A ideia no trabalho é justamente REVIVER tudo isso, relembrando momentos vividos juntos e usando essa energia para construir algo maior. Uma mãe que perde um filho não deixa de ser mãe, por exemplo. Optar por deixar de viver o luto e seguir em frente não significa deixar de ser nenhuma dessas coisas e isso precisa ser trabalhado, pois quem perde alguém querido costuma achar que deixar de viver o luto significa esquecer a pessoa em questão. O trabalho de Coaching e Hipnose nesses casos passa por enfatizar que isso jamais será esquecido e uma forma de enraizar isso é transformar a energia do luto em energia para construir algo muito maior.

Aplicação prática

Diante de uma pessoa vivenciando essa questão do luto/morte dentro do processo de Coaching acredito que a Hipnose Ericksoniana, junto com algumas ferramentas da Programação Neurolinguística, é fundamental para o acolhimento e condução do processo.

Reativar memórias boas em relação à pessoa que partiu tem efeitos muito benéficos, ainda que em um primeiro momento possa parecer angustiante reviver essas lembranças. Quando um *coachee* traz para o presente memórias de alguém que se foi a tendência é relembrar coisas boas, alegres, divertidas, simples, mas marcantes. Ao fazer isso, novas áreas cerebrais são ativadas e novos sentimentos são despertados.

Antes de iniciar o trabalho, peça para o *coachee* (ou alguém próximo, caso você queira trabalhar com o *coachee* já sabendo do que se trata) contar brevemente sobre a perda a ser trabalhada. Procure se atentar a alguns detalhes como músicas, sons, objetos, cheiros, imagens. Todos esses recursos podem ser usados depois para aprofundar a experiência em reviver tudo isso. Você pode usar tudo de forma improvisada nesse primeiro contato ou marcar um novo encontro, para o qual você possa providenciar algumas dessas lembranças contadas pelo *coachee*.

Lembrando, novamente, que o luto também pode acontecer pela "morte" de uma identidade, uma crença, um comportamento, um ambiente de trabalho. Se esse for o caso, basta adaptar a aplicação para o assunto em questão (como se fosse a pessoa querida que se foi).

Estrutura do trabalho

1. Estabeleça *rapport* com o seu cliente. Não é fácil reviver uma perda importante. Ele precisa sentir que está tudo bem em relembrar tudo isso, por mais doloroso que possa parecer, pois ele não estará sozinho. Você estará lá com ele. Perceba o que deixa a pessoa mais confortável. Se é ficar distante de você, se é ficar próximo, se é ficar deitado ou sentado. Se é segurar sua mão ou não. Quanto mais confortável, mais entregue a reviver tudo isso.

2. Utilizando a Hipnose Ericksoniana sugiro que, tendo como base a história trazida pelo *coachee*, você comece contando uma história sua ou uma história conhecida, algo que lembre a pessoa que se foi. Às vezes é muito dolorido relembrar uma perda, então começar com uma história ajuda a suavizar o momento. Exemplo: se foi uma perda de um pai brincalhão, sugiro que você comece contando sobre algum homem que você adorava e que sempre o fez rir muito. Se foi uma perda de uma avó que adorava cozinhar, sugiro que relembre alguma personagem conhecida com o mesmo perfil. Se foi a perda de um filho, sugiro comentar sobre o quanto as crianças são seres especiais que só sabem viver no momento presente. Histórias com personagens que lembram a pessoa que se foi automaticamente conectam o *coachee* com a pessoa perdida, sem que ele

tenha que ativamente começar a falar sobre o assunto, o que pode ser muito difícil. Alimente um pouco a história com algumas características que você previamente sabe sobre o ente que se foi. Sugiro frases como: "Eu não sei no que você acredita, mas eu acredito que as pessoas que fazem os outros rir são as mais especiais do mundo" ou "Eu não sei no que você acredita, mas eu acredito que as crianças são seres de luz que têm a missão mais nobre do mundo, a de transformar uma mulher e um homem em uma mãe e um pai" etc. Cuidado para não impor suas crenças. Seja vago e ao mesmo tempo impactante. Frases como essas tendem a conectar o cliente a um significado maior dessa pessoa que se foi na sua vida (tornar alguém pai ou mãe, por exemplo). Não é preciso focar no COMO a pessoa faleceu e sim na pessoa em si. A ideia é conectar o cliente ao ente querido e não à forma como ele se foi.

3. Envolva o cliente na história, mas foque nas lembranças em relação à pessoa que se foi. Você pode incluir o *coachee* na história com frases como: "Você conhece alguém assim?" ou "Aposto como você conhece alguém parecido" ou "Isso te lembra alguém?". Mantenha conexão absoluta com o cliente. Ele precisa sentir que não está sozinho ao enfrentar essas memórias. Sugiro nesse momento explorar as lembranças que ele lhe trouxe anteriormente, como sons, músicas, imagens, cheiros, objetos. Se vocês estiverem em um segundo encontro, você pode preparar previamente algumas dessas lembranças e usá-las nesse momento, como uma música que lembra a pessoa que se foi, algum objeto. Introduza isso aos poucos, sempre calibrando a reação do cliente. Para algumas pessoas é muito prazeroso reviver essas lembranças (e com esses clientes vale a pena explorar esses recursos). Para outras isso é extremamente doloroso e talvez você precise ser mais cauteloso ao introduzir esses recursos. Você também pode pedir para que o cliente mostre alguma foto. Interfira pouco na história que

ele lhe contar, apenas o suficiente para mantê-lo focado nas lembranças POSITIVAS, nos momentos gostosos. Esteja em tamanha sintonia e *rapport* que vocês possam rir e se emocionar juntos com as lembranças. Alimente a história com entusiasmo e curiosidade sobre as lembranças que eles tiveram juntos. E ouça com carinho. Sempre que ele estiver envolto em alguma lembrança gostosa, reforce a mesma, faça-o permanecer nesse estado um pouco mais.

4. Sugira ao cliente, de acordo com informações que você coletou na narrativa que ouviu, alguma ação para "homenagear" a pessoa que se foi, algo que ele possa fazer que deixaria a pessoa que partiu muito feliz com o gesto, algo que possa permanecer como uma lembrança dessa pessoa, algo para continuar a história de quem partiu. Exemplo: doar as roupas a quem precisa, visitar as pessoas que eram importantes para quem partiu, ajudar outras pessoas que passaram por perdas parecidas. A sugestão pode partir de você, usando sua intuição, ou você perguntar para o *coachee* o que ele acha que deixaria feliz quem partiu. Movimentar essa energia de luto a fim de "produzir" algo que honre a pessoa que se foi faz com que o cliente sinta que a conexão continua mesmo se ele seguir sua vida e superar o luto.

5. Acompanhe o processo sugerido no item acima. Contribua com ideias e sugira que o *coachee* faça isso com outras pessoas também envolvidas com a pessoa que se foi. Acolha o *coachee* para que ele entenda que não há nada de errado em sentir saudade ou tristeza (e isso vai acontecer), mas que esses sentimentos podem ser transformados em ação, usando como combustível o amor que o une à pessoa que se foi.

Depoimento real

Como médica intensivista pediátrica, por diversas vezes lidei com a morte de crianças. Uma até hoje faz meu coração bater mais forte, pois me conectou profundamente a outras formas de curar e me ensinou que mesmo a morte de uma criança pode ser vivenciada com muito amor. Era um bebê de apenas quatro meses que havia sido diagnosticado com tumor de sistema nervoso central desde o primeiro mês de vida. Uma gravidez planejada e muito aguardada, mas tiveram pouco tempo com o filho antes do diagnóstico. Procuraram o hospital por suspeita de um resfriado e nunca mais saíram de lá. Uma investigação levou a outra até que o tumor foi descoberto. Desde o primeiro dia de hospitalização a criança permaneceu sedada e entubada, inviabilizando muita interação com os pais. Não houve nenhuma resposta ao tratamento. Em termos médicos, não havia mais proposta curativa para o pequeno e o mesmo foi colocado em cuidados paliativos, ou seja, apenas com medidas de conforto aguardando a evolução (morte). Passei a noite anterior à morte da criança com os pais no quarto e nossa conversa durante toda a madrugada foi justamente a inspiração para esse exercício (fato que se repetiu inúmeras outras vezes com muitas outras crianças, levando em conta as particularidades de cada família). Essa criança era o único filho desses pais e o maior medo deles era se enxergarem novamente sem filhos, de enfrentar o quarto decorado para a criança em casa, sabendo que nada daquilo seria utilizado pelo filho. Mesmo entubada coloquei a criança no colo dos pais durante toda a conversa para que vivenciassem novamente o que mais gostavam de fazer com a criança antes do diagnóstico: oferecer COLO ao pequeno. Os dois entenderam que não existe ex-pai ou ex-mãe. Para sempre seriam pai e mãe daquele ser de luz. Essa foi a "virada de chave". Esse anjinho partiu na manhã seguinte, no colo da mãe. Os pais, após o ocorrido, doaram todo o quarto do bebê para a igreja, para que fosse doado a quem precisava e formaram uma rede de apoio de pais e mães do Itaci (Instituto de Tratamento do Câncer Infantil) para acolher e ajudar outras famílias que passavam pela mesma situação, uma forma de transformar a dor da perda em colo e apoio a quem enfrentava o mesmo.

Conclusão

"Ao tocar uma alma humana, seja apenas outra alma humana." Existe muito amor nessas passagens (ou qualquer outro nome que você queira dar a esse momento) e a conexão com algo muito maior, dos quais somos apenas instrumentos, nos permite lidar com muito amor e acolhimento com essas questões de luto e morte. Desejo do fundo do coração que você se permita experimentar enxergar dessa forma.

15

Hipnose para quando o *coachee* precisa encontrar uma nova identidade

Tahta Costta

Tahta Costta

Pernambucana, empreendedora, apaixonada por desenvolvimento de propósito. Idealizadora do site Tahta Costta. Escritora, terapeuta, bacharel em Comunicação Social (Unib). MBA em Gestão de Projetos (Laureate). Certificação internacional em Eneagrama, EPTP. Formações: Psicologia Positiva e Hipnose Ericksoniana, Clássica e Clínica (Centro Sofia Bauer); Trainer em PNL por Iluminatta; Coaching Integral Sistêmico por Iluminatta; Treinadora em Desenvolvimento Humano, por Iluminatta.

Cursando bacharelado em Psicologia.

Contato:

(11) 9 9933-5434

www.tahtacostta.com

Instagram: Tahta Costta

Hipnose para quando o *coachee* precisa encontrar uma nova identidade

Alguns processos de Coaching são tão profundos que exigem uma mudança de "Eu", uma mudança de identidade, um processo de "Awakening".

Prezado *coach*, sob a luz da amorosidade, da gentileza, da profundidade e da linguagem permissiva da Hipnose Ericksoniana, esta é uma sugestão hipnótica para aquele momento crucial em que seu cliente precisa ir muito além da lógica para ter o vislumbre de uma nova identidade. Aquela identidade que ele sente que existe, mas ainda não vê e não sabe o que é. Como se a lagarta precisasse vislumbrar um pouco da borboleta, guiada por sua alma, mesmo sem ainda compreender, certa de que sua alma compreenderá o que precisa para guiá-la em seu processo de transformação.

Se o seu cliente se encontra neste profundo e misterioso espaço de transformação, você com certeza precisa ir muito além de onde as perguntas o levariam neste momento. Ou ele se torna outra pessoa, ou nenhuma meta será atingida ou mudança conquistada.

A gentileza de ir um pouco mais além da contribuição da lógica e da razão, para o espaço silencioso, onde tudo se cria, provido pela inspiração do *Ser*, fonte elementar, *Essencialmente Você*, é um dos gestos mais generosos que temos como *coaches*.

Quando em meus atendimentos de *life coach* o cliente apresenta um obstáculo para atingir a meta ou conseguir se apropriar de suas decisões, em consequência da falta de contato com a sua essência, eu faço uma pausa sutil e o convido para essa indução profunda. Leva uma sessão completa, seja no início ou no meio do processo.

Convide-o para esta viagem para dentro de si para que quando retorne, só aí, vocês possam seguir o caminho de novas conquistas.

A você, *coach*, ofereço essa indução também em três videoaulas gratuitas em meu canal online, www.tahtacosta.com, com o nome "Relaxamento das estrelas", para garantir que você fará um uso maravilhoso em benefício do despertar do verdadeiro "eu" de seus clientes.

Relaxamento das estrelas

Gentilmente acomode-se na cadeira.

Encontre a sua melhor posição...

Isso, habitue-se agradavelmente, solte-se, de preferência, descruze pernas e braços.

Deslize maravilhosamente em seu corpo, acomode-se em seu melhor estado.

Sinta a intensidade interna do seu corpo amplificado e vitalizado, durante todo o trajeto mova-se, se isso o ajudar a acessar ainda mais o seu melhor estado para Ser, ampliando cada vez mais e mais camadas do seu estado interno.

Solte-se cada vez mais e mais sem hesitar agradavelmente.

Identifique-se aqui e agora com o seu corpo, sua porta de entrada para o Ser.

E, nesse estado, você ativa o seu melhor estado, soltando todo o foco de tensão, obtendo todo o conforto que você deseja ter.

Enquanto sua mente consciente relaxa ainda mais e mais, você se percebe entrando cada vez mais para dentro do seu Ser, nesse espaço muito especial.

Desta forma, relaxe em você, em sua perfeita essência repleta de beleza para uma vida cheia de exuberância...

Em cada pulsar do seu corpo, exatamente aí, no aqui, agora.

Sentindo o pulsar do seu corpo, perceba como você se amplia suavemente elevando o autoprazer em cada respirar.

Sinta a respiração acontecendo em todo o seu corpo, preenchendo-se e levemente se esvaziando... atenciosamente e ritmicamente...

Naturalmente você

Suave...

Suave...

Suavemente...

Tornando-a mais e mais profunda...

E assim talvez você se esqueça de se lembrar, ou lembrar de se esquecer que a sua mente consciente deixa sua mente inconsciente seguir fazendo todo esse percurso maravilhoso, desfrutando ainda mais da unidade de cada molécula de oxigênio.

Ainda mais profundamente alcançando lugares bem distantes em seu corpo no profundo silêncio interno, elevando a conexão com o seu Ser.

Extraordinariamente, tendencialmente sua mente se sente presente...

Em plenitude do Ser, sinta o poder do momento presente, profunda presença.

Silenciosamente dentro do seu eu interior sereno o livre fluxo da energia vital percorre tendões... órgãos... músculos... até aquele longínquo esquecido lá longe que movimenta o seu dedo mínimo do pé direito... isso...

Exatamente por completo você relaxa e experimenta facilmente na ausência do tempo sair do seu corpo por alguns instantes em direção a um lugar alto...

Na dimensão mais profunda do seu Ser.

Em outra dimensão

Mais alto ainda...

Em paz...

Suavemente

Seguindo...

Em outra dimensão

Seguindo...

Suavemente alcançando você,

Sua consciência,

Sua essência,

Sabendo que nada pode ser ameaçado,

Nesse estado de plenitude, ampliando seus sentidos e toda a expressão única de forma de vida, vital, na ausência do tempo, na alegria do Ser.

Em diferentes níveis e dimensões do seu inconsciente você percebe a presença de uma nave, uma nave espacial, muito especial...

Em sua porta principal aponta um lindo cristal, enquanto a luz de sua consciência brilha diante do cristal, dissolvendo toda a inconsciência comum, a luz da sua presença brilhará intensamente em sua inconsciência, aumentando a realidade principal interna, refletindo a realidade externa secundária por sua infinita essência...

Da qual você sairá dentro de breves minutos,

Em realidade principal interna direcione-se em atenção, para o interior da nave, seu interior em outra dimensão.

Através da frequência vibracional

Você se conecta à autossuficiência do seu Ser...

Você e a sua essência

Enxergando além da eterna vida em busca da sua própria realidade mantendo o mesmo nível do ato interior em conexão com a sua origem...

Suavemente...

Em paz...

Você segue flutuando...

Alcançando lugares ainda distantes de sua originalidade

Suave...

Espontaneamente

Suave na nave...

Você e o campo de consciência criativa se fundem em um só

Um... isso... único.

Uma só consciência existencial

Potencial criativo

Concentrando-se no poder da consciência e transformando-se nela própria.

Ser em sagrada essência.

Amplificando o poder na própria mente de forma especial, única, em origem espacial.

Atividade mental, raio de luz, campo estrelado aprendendo como é ser absorvendo com atenção como ser em permanência do Ser e os efeitos originados da origem

Enquanto você admira ainda mais o interior do seu espaço espacial, em um ônibus espacial...

Flutuando livremente

Você confere uma visão detalhada da cabine de comando, repleta de botões e alavancas, como meio e recursos, alguns botões, como projeções imaginárias da mente, lembrando com toda a criatividade de um raio de luz estar no comando de sua própria mente com toda a sua atenção fazendo o que você tem que fazer em grande perspectiva.

Permitindo que o momento presente seja como é...

Um espaço silencioso dentro, mas também fora...

E enquanto a sua mente, a mente de seu Ser permite uma escolha em alto grau de consciência, apropriando-se do poder da escolha de sua origem...

Nesse instante você ocupa o seu lugar, observa a mente, sorri para a mente.

Simplesmente presente como todo astronauta

E se torna ainda mais curioso, para saber para onde essa nave vai...

Curiosamente

Felizmente você percebe as pontas de seus dedos dos pés, é sangue circulando por todo seu corpo enquanto ele se aquece ainda mais, seu Ser percebe o uso da roupa especial, mais do que simplesmente uma roupa, ela lhe garante toda a experiência em contato com o oxigênio, e você se sente ainda mais especial...

Você no seu espaço

Espaço... em distintas esferas toda a órbita no espaço se restabelecendo

Você e o espaço de sua origem livre sobre a graça das luzes em permanente brilho que ilumina a Autoiluminação

"Você" nessa temperatura ideal, surgindo para uma perfeita missão

E nesse pequeno espaço do universo dentro desse grande espaço universal você usa o seu capacete estrelado, seu acessório de visão extraveicular, um refletor especial para proteção de sua visão.

O capacete possui uma válvula de limpeza para uso com a unidade secundária de oxigênio para remover dióxido de carbono expirado.

Respire e inspire

Através do capacete que remove o dióxido de carbono, possibilita que a essência profunda de todas as sinapses e as cargas elétricas viajem entre as células e a atividade dos neurotransmissores. Saudavelmente, livremente, sobre a graça e o brilho das estrelas.

E você se sente ainda mais especial...

Você mesmo... Ser em espacial, enxergando o belo interdimensional

Identidade

Enquanto você admira ainda mais o belo

E idêntico ser belo, percebe um potencializador que aumenta delicadamente a luz,

ao aumentar ainda mais a luz, seu Ser presencia o maior milagre da sua própria criação

Você presente!

O espetáculo da noite que lhe oferece luzes verdes e rosas, é um mar de estrelas origem em infinitos tons, origem em múltiplos tons de rosa consciência da beleza.

É da natureza da própria alma mover-se para a inteligência, ao poder organizador, em direção a criatividade e amor.

Silenciosamente a luz do Eu sou

E você confere toda a beleza do universo

Os cometas, os rios de luz... trazem você a ver a espera redonda azul, planeta "Terra"...

Consciência da beleza

Eternamente presente Eu sou

E na Terra você deixa-se entrar de novo...

Naquele lugar...

Entendendo ainda mais o que é Ser em essência

Revivendo...

Vendo

Ouvindo

Sentindo...

É água cristalina, a mesma que corre nos rios, percorre em suas veias...

Consciência cristalina, porta de entrada da nave, Eu Sou, elevação do coração realidade essencial, unidade, dez mil coisas existentes, unidade, verdadeira natureza, profundo manifesto da consciência do meu Ser.

É verde, infinitamente verde, coração, reinos vegetal, bioidêntica a seu corpo

Talvez você queira tocar uma rosa, e sentir seu cheiro... é doce e delicada assim como sua pele... dá até pra sentir a névoa,

Suavemente

Gostosamente

Mais uma vez de forma mais nítida e precisando tanta beleza, consciência da beleza

Tem um arbusto, e nele tem um animalzinho, tão lindo, especial, respirando...

Respirando...

Ao olhar dentro de seus olhos abre-se seu reino e o manifesto e de toda consciência advinda de todas as espécies e suas dimensões, sagrada consciência, quantas formas de vida...

Alta consciência beleza viva... liberdade.

Ao som da Terra você amplifica camadas profundas da "Consciência Única"

Expressão daquilo que é elevado, presença permanente na Terra, sua presença.

Desfrute agora desse reino, caminhe pela grama com os pés descansos,

Saudavelmente...

Amorosamente...

Terra...

O sentimento na cor verde pode se tornar ainda mais intenso que qualquer vício, e os inúmeros desvios perdem totalmente o significado...

Elevando ainda mais a conexão da Terra através do cordão umbilical com a sua identidade amorosamente você escolhe a melhor forma de fazer isso, saudavelmente.

Sempre que desejar... disponivelmente... essencialmente.

E através de uma vida única você adorará se sentir assim no futuro, isso, desta forma...

Situações desafiadoras, você poderá fazer a melhor escolha

Restabelecendo a sua conexão com o Ser, ajustando adequadamente todas as necessidades e você assiste todo o milagre da transformação...

Amorosamente

Já se sentindo no futuro, percebendo os frutos de sua criação, melhorando ainda mais a cada momento se tornando ainda mais especial em puro amor em toda qualidade de seu aprendizado...

E seguindo evoluindo... plenamente, amorosamente, saudavelmente, através da experiência da vida.

Evoluindo...

Você e o espaço

Suave...

Suave...

Suave na nave...

A luz do amanhecer do sol, delicadamente reflete a sua identidade

Em órbita celestial, criação

O espaço

Existência

De onde toda a criatividade brota, oferece, emerge, acende como luz, nasce

Estrelado

Consciência maior, acontece o milagre do despertar da consciência do seu Ser.

Voz do Eu interior, comunicação em órbita

Acontece o milagre do despertar da consciência do seu Ser ... Eu sou.

Fornecendo a sua própria mente o todo, o despertar, enquanto permanecemos em dimensão astral e física, identidade profunda e estável, aqui e agora.

O seu Ser ativo aprecia a criação de novas formas de circunferências, obtendo ainda mais o sentido de sua identidade em um fluxo constante de aprendizado...

Aproveitando todos esses momentos especiais para você

Para sempre sendo totalmente seu...

Se sentindo feliz pela sua presença do Eu interior.

Essencialmente,

Você se nota ainda mais leve

Tão leve, tão solto...

Agraciado pelos raios de luz das estelas

E isso significa dizer sim àquilo que é

Uma consciência observadora teria presenciado, e em total consciência de outras espécies, a beleza da flor poderia despertar a consciência do ser humano com toda a sua natureza, elevando o sagrado, considerando toda a iluminação, sua fragrância espiritual...

Existência do grau de presença, atenção silenciosa

Iluminação, conexão, missão, amor...

Voz do eu Sou...

E você começa a flutuar, flutuar...

Suave na nave

Flutuando... levemente... flutuando...

Você começa a voltar através do nada com calma... amor... vagarosamente...

Suavemente...

Voltando leve e livre...

Encontrando seu corpo logo abaixo... Você flutua sobre seu corpo e fica acima dele logo aqui...

E suavemente

Você desliza prazerosamente para dentro do seu corpo, confortavelmente... gradualmente...

Em perfeito estado, mental, físico, e emocional.

Abrindo a porta da nave, estando no seu terceiro olho, saindo da nave...

Para o aqui e o agora... cheio de vitalidade...

Escorregando para dentro do corpo físico, cheio de vida e plenitude.

Espreguiçando-se com calma... e tranquilidade... após uma linda viagem interestelar você retorna respirando desfrutando agora intensamente de todo o brilho de sua vida na Terra.

Suavemente, tranquilamente abra seus olhos, bem-vindo.

Faça sua estrela brilhar!

Após a aplicação dessa indução, permita que o cliente fique em contato profundo consigo mesmo, em silêncio, sustentando um espaço interno para *insights*, sentimentos e reorganizações do seu "novo eu". Apenas agende com gentileza a próxima sessão.

Conclusão

Nicolai Cursino

Coaching com Hipnose: Próximos Passos

Espero, de coração, que você tenha aproveitado esta linda aventura.

É muito importante que você use cada vez mais os conteúdos e as sugestões deste livro, pois apenas a prática vai tornar seus resultados excelentes. A Hipnose Ericksoniana é uma arte que vai sendo lapidada aos poucos, na medida em que as técnicas vão sendo absorvidas por nossa mente inconsciente e nos sintonizamos cada vez mais como canais sutis da cura, da inteligência e da graça que vem do divino.

Recomendo fortemente que você também realize formações extensivas em Coaching e ainda em Hipnose Ericksoniana, caso ainda não tenha realizado. Em nossa escola, além destas formações básicas, estes conceitos são reforçados em outras formações que integram as duas ferramentas, como o Eneacoaching®, a formação *Awakener* (Coaching no nível de identidade) e o Master em PNL Sistêmica. Tenho certeza de que você também encontrará outros caminhos complementares.

Procure uma escola em que você se sinta bem e tenha em mente que estas formações devem ser sérias. São ferramentas profundas para lidar com o ser humano e, portanto, merecem respeito e senioridade efetiva.

A internet oferece muitas induções de Hipnose Ericksoniana que você pode ouvir para trabalhar consigo mesmo, ajudar seus clientes, e aprender enquanto isso acontece. Você vai aprender sobre os padrões linguísticos, as formas de ressignificação, a sintonia de campo energético e muito mais. Recomendo fortemente também que você assista ao filme sobre a vida de Milton Erickson, intitulado *The Wizard of the Desert*, para que conheça um pouco mais sobre este homem maravilhoso e sua filosofia de cura.

E quando tudo isso se junta ao Coaching, o resultado é um processo profundo, rico e transformador, para o *coach* e para o *coachee*. Continue em frente!

Finalizo agradecendo aos meus amigos coautores deste livro, com quem já compartilhei pessoalmente grandes jornadas entre conquistas e lágrimas:

João Cortez, Cristiane Ceccon, Rodrigo Suzuki, Marcia Sampaio, Li Defendi, Rafael Ruman, Kátia Henriques, Melina Arantes, Léa Macedo, Nelson Cenci, Wagner Soares, Marcelo Silva, Everton Mello Soto, Bianca Mello Soto e Tahta Costta.

Sua disponibilidade, sua coragem e sua competência foram imensas nesta obra.

Agradeço também a Andréia Roma, editora deste livro e de tantas outras obras que servem ao amor, ao conhecimento e ao bem. Sua missão é linda e grandiosa!

Que sejam abençoados e prósperos os caminhos de todos nós.

Nicolai Cursino
Março 2019

UM LIVRO MUDA TUDO

REGISTRE seu legado

A Editora Leader é a única editora comportamental do meio editorial e nasceu com o propósito de inovar nesse ramo de atividade. Durante anos pesquisamos o mercado e diversos segmentos e nos decidimos pela área comportamental através desses estudos. Acreditamos que com nossa experiência podemos fazer da leitura algo relevante com uma linguagem simples e prática, de forma que nossos leitores possam ter um salto de desenvolvimento por meio dos ensinamentos práticos e teóricos que uma obra pode oferecer.

Atuando com muito sucesso no mercado editorial, estamos nos consolidando cada vez mais graças ao foco em ser a editora que mais favorece a publicação de novos escritores, sendo reconhecida também como referência na elaboração de projetos Educacionais e Corporativos. A Leader foi agraciada mais de três vezes em menos de três anos pelo RankBrasil – Recordes Brasileiros, com prêmios literários. Já realizamos o sonho de numerosos escritores de todo o Brasil, dando todo o suporte para publicação de suas obras. Mas não nos limitamos às fronteiras brasileiras e por isso também contamos com autores em Portugal, Canadá, Estados Unidos e divulgações de livros em mais de 60 países.

Publicamos todos os gêneros literários. O nosso compromisso é apoiar todos os novos escritores, sem distinção, a realizar o sonho de publicar seu livro, dando-lhes o apoio necessário para se destacarem não somente como grandes escritores, mas para que seus livros se tornem um dia verdadeiros *best-sellers*.

A Editora Leader abre as portas para autores que queiram divulgar a sua marca e conteúdo por meio de livros...

EMPODERE-SE
Escolha a categoria que deseja

■ Autor de sua obra

Para quem deseja publicar a sua obra, buscando uma colocação no mercado editorial, desde que tenha expertise sobre o assunto abordado e que seja aprovado pela equipe editorial da Editora Leader.

■ Autor Acadêmico

Ótima opção para quem deseja publicar seu trabalho acadêmico. A Editora Leader faz toda a estruturação do texto, adequando o material ao livro, visando sempre seu público e objetivos.

■ Coautor Convidado

Você pode ser um coautor em uma de nossas obras, nos mais variados segmentos do mercado profissional, e ter o reconhecimento na sua área de atuação, fazendo parte de uma equipe de profissionais que escrevem sobre suas experiências e eternizam suas histórias. A Leader convida-o a compartilhar seu conhecimento com um público-alvo direcionado, além de lançá-lo como coautor em uma obra de circulação nacional.

■ Transforme sua apostila em livro

Se você tem uma apostila que utiliza para cursos, palestras ou aulas, tem em suas mãos praticamente o original de um livro. A equipe da Editora Leader faz toda a preparação de texto, adequando o que já é um sucesso para o mercado editorial, com uma linguagem prática e acessível. Seu público será multiplicado.

■ Biografia Empresarial

Sua empresa faz história e a Editora Leader publica.

A Biografia Empresarial é um diferencial importante para fortalecer o relacionamento com o mercado. Oferecer ao cliente/leitor a história da empresa é uma maneira ímpar de evidenciar os valores da companhia e divulgar a marca.

■ Grupo de Coautores

Já pensou em reunir um grupo de coautores dentro do seu segmento e convidá-los a dividir suas experiências e deixar seu legado em um livro? A Editora Leader oferece todo o suporte e direciona o trabalho para que o livro seja lançado e alcance o público certo, tornando-se sucesso no mercado editorial. Você pode ser o organizador da obra. Apresente sua ideia.

A Editora Leader transforma seu conteúdo e sua autoridade em livros.

OPORTUNIDADE
Seu legado começa aqui!

A Editora Leader, decidida a mudar o mercado e quebrar crenças no meio editorial, abre suas portas para os novos autores brasileiros, em concordância com sua missão, que é a descoberta de talentos no mercado.

NOSSA MISSÃO

Comprometimento com o resultado, excelência na prestação de serviços, ética, respeito e a busca constante da melhoria das relações humanas com o mundo corporativo e educacional. Oferecemos aos nossos autores a garantia de serviços com qualidade, compromisso e confiabilidade.

Publique com a Leader

- **PLANEJAMENTO** e estruturação de cada projeto, criando uma **ESTRATÉGIA** de **MARKETING** para cada segmento;

- **SUPORTE PARA O AUTOR** em sessões de videoconferência com **METODOLOGIA DIFERENCIADA** da **EDITORA LEADER**;

- **DISTRIBUIÇÃO** em todo o Brasil — parceria com as melhores livrarias;

- **PROFISSIONAIS QUALIFICADOS** e comprometidos com o autor;

- **SEGMENTOS:** Coaching | Constelação | Liderança | Gestão de Pessoas | Empreendedorismo | Direito | Psicologia Positiva | Marketing | Biografia | Psicologia | entre outros.

Esperamos você para um café!

Entre em contato e vamos conversar!

Nossos canais:

Site: www.editoraleader.com.br

E-mail: contato@editoraleader.com.br

@editoraleader

Telefone: (11) 3991-6136 | (11) 98241-8608

O seu projeto pode ser o próximo.

Editora Leader